中央高校建设世界一流大学学科和特色发展引导专项资金资助
中央高校基本科研业务费资助
国家自然科学基金重点项目"互联网时代企业的财务行为与治理特征"(71632006)
面上项目"激励机制、人力资本与公司价值"(72072107)

企业内部决策权配置的经济后果研究

—— 基于内部资源分配与外部监督的双重视角

潘怡麟　著

上海财经大学出版社

图书在版编目(CIP)数据

企业内部决策权配置的经济后果研究：基于内部资源分配与外部监督的双重视角 / 潘怡麟著. —上海：上海财经大学出版社,2022.11
ISBN 978-7-5642-4068-4/F.4068

Ⅰ.①企… Ⅱ.①潘… Ⅲ.①企业管理-研究-中国 Ⅳ.①F279.23

中国版本图书馆CIP数据核字(2022)第182135号

□ 策划编辑　刘光本
□ 责任编辑　李嘉毅
□ 封面设计　贺加贝

企业内部决策权配置的经济后果研究
——基于内部资源分配与外部监督的双重视角

潘怡麟　著

上海财经大学出版社出版发行
(上海市中山北一路369号　邮编 200083)
网　　址:http://www.sufep.com
电子邮箱:webmaster@sufep.com
全国新华书店经销
江苏苏中印刷有限公司印刷装订
2022年11月第1版　2022年11月第1次印刷

710mm×1000mm　1/16　12.5印张(插页:2)　186千字
定价:69.00元

前　言

　　本书以中国上市企业集团为样本,研究了企业内部决策权配置对内部资源分配和外部监督的影响。以权威命令分配资源是企业区别于市场的标志,因而决策权配置是企业的关键特征。关于企业内部的决策权配置,两个研究问题至关重要:第一,对于企业管理者而言,如何配置决策权以提高企业内部资源分配的效率?针对这一问题,现有理论研究已经形成了较为完整的分析框架,但是由于决策权配置不易量化,现有经验研究视角有限,因此研究结论不一。第二,决策权配置如何影响企业外部人的监督?现有研究通常假设作为"集权者"的高管以最大化企业价值为目标,未考虑其自身的代理人角色。在现有文献的基础上,本书将分析决策权配置对企业内部资源分配和外部监督的影响,并利用中国上市企业集团的独特数据提供经验证据。

　　决策权配置是指高管与部门经理之间决策权的分散与集中。决策权分散时,部门经理的决策自主性较强,高管通过考核结果约束部门经理的行为;决策权集中时,高管直接在决策过程中扮演重要角色,向部门经理发布命令。就对企业内部资源分配效率的影响而言,分散决策权和集中决策权各有优势和不足:决策权分散时,部门经理自发地使用信息;但是对企业而言,分散决策权有三个方面的成本,即部门经理自利行为带来的成本、部门间外部性导致的成本以及多部门合作时部门间的交易成本。集中决策权有助于节约这三类成本,但是会产生信息成本和激励不足导致的成本。所以,决策权配置对企业内部资源分配效率的实际影响有待实证检验。

进一步地,如果考虑高管的代理人角色,那么决策权配置可能影响高管隐瞒信息的行为和外部人的监督。决策权集中时,为了维护从权力中获得的私人收益,高管可能欺瞒外部人;同时,决策权集中则高管行为与企业业绩关联强,这一方面进一步增强了高管隐瞒信息的动机,另一方面降低了外部人监督高管的成本。

由于决策权配置不易量化,因此现有研究大多依赖调查数据或企业内部数据。本书创造性地以中国上市企业集团为样本,以企业集团的现金流在母公司的异常集中度度量企业内部决策权的集中度。这一指标假设现金流的分布能反映有关决策权的分布,而且母公司和子公司之间的决策权配置能反映企业集团整体的决策权配置。具体而言,本书计算了母公司的关键现金流,即员工薪酬、毛利和投资与合并报表对应项目之比,然后采用主成分分析法取现金流集中度的第一主成分,最后估计以该主成分为因变量,以母公司相对规模为自变量的模型,将残差作为决策权集中度的代理变量。与现有指标相比,这一指标能与上市公司的其他数据结合以提供丰富的研究视角,便于复制研究结果,综合性强。本书从与其他指标的比较、基本性质、影响因素和直接后果几个角度提供了支持指标经济含义的证据。

为了研究决策权配置对资源分配效率的影响,本书从现金持有和投资的角度进行了分析。现金是企业的"血液",而投资活动决定了企业的成长性,两者对企业的价值有决定性影响。关于现金持有的经验证据显示,决策权越集中,现金持有越少,持有现金的市场价值越高,说明集中决策权主要通过抑制部门经理的自利行为和促成多部门合作提高了现金持有决策的效率。在投资方面,本书检验了决策权配置与固定资产投资和创新投资的关系。证据显示,决策权越集中,固定资产投资规模越大,尤其是在部门间地理距离远的企业中;决策权越集中,创新投资规模越大,尤其是在设有专职研发中心、部门间地理距离远、高管创新能力和意愿强、财务杠杆低以及市场竞争程度低的企业中。决策权集中度与固定资产投资的价值和探索性创新占创新投资的比重正相关。这些证据说明,集中决策权有助于抑制部门经理的自利行为、内部化外部性并协调多部门,从而促进有效投资。

为了研究决策权配置如何影响高管隐瞒信息的行为，本书检验了决策权配置对管理层业绩预告和盈余管理的影响。证据显示，决策权越集中，企业披露的坏消息预告越少，坏消息预告占所有预告的比例越小，坏消息预告的披露精确性越低，越多地被归因于外部因素；决策权越集中，坏消息业绩预告的市场反应越弱，好消息和坏消息预告市场反应的不对称性越强；决策权越集中，调增利润的应计盈余管理越多；当高管财会专业能力强、企业业绩低于预期时，决策权配置与盈余管理之间的关系更强；决策权越集中，年报盈利的市场反应越弱。这些证据表明，决策权集中时，为了维持权力，高管通过策略性披露隐瞒了对其不利的信息。

最后，为了研究决策权配置如何影响外部监督，本书从分析师盈利预测准确性的角度进行了检验。证据显示，决策权越集中，分析师盈利预测误差越小；新任高管削弱了决策权配置与分析师盈利预测误差的关系，但是管理层业绩预告的披露加强了这一关系；决策权越集中，分析师盈利预测的市场反应越强。这些证据说明决策权集中时，分析师可以凭借高管行为与企业业绩之间的关联，准确地预测企业业绩。

为了缓解研究中可能存在的遗漏变量等内生性问题，本书以企业所在地一定距离内的明清地方官学的数量度量地方文化的权力距离作为工具变量。两阶段回归的结果在一定程度上支持了决策权配置与投资、信息披露和分析师行为之间的因果关系。

本书的理论创新在于以交易成本理论为基础诠释了决策权配置，全面分析了分散与集中决策权对企业内部资源分配效率的影响；进一步地，本书放松了关于高管与股东利益一致性的假设，分析了决策权配置对高管的信息隐瞒行为和外部监督的影响。更重要的是，以上述理论观点为基础，本书具体地分析了决策权配置在现金持有、投资、信息披露和分析师方面的经济后果，不但补充了决策权配置文献，而且填补了现金持有、信息披露和分析师等文献的空白。在经验研究方法方面，本书创造性地以中国上市企业集团公开披露的财务数据为基础，提出并验证了一个决策权配置的新指标，可供相关研究参考。

本书的结论具有实践指导意义。证据表明，在部门经理自利行为明显损害企业利益、部门间外部性严重或者有多部门合作需求的情况下,企业应当集中决策权。但是,当决策权集中时,外部人应当注意高管的策略性披露,以免受其误导,并应关注其他信息来源以对高管行为和企业业绩形成全面认知。最后,研究结论或可引申至其他组织。对于有"衷多益寡"和"力出一孔"需求的组织而言,集中决策权是适宜的;但是集权者可能"掩得天下目",此时需要"见微知萌"的监督者。

目　录

第一章　绪论 /1
　　第一节　研究问题 /1
　　第二节　研究内容 /2

第二章　决策权配置文献回顾 /10
　　第一节　决策权配置与内部资源分配理论研究 /10
　　第二节　决策权配置与内部资源分配经验研究 /14
　　第三节　决策权配置与外部监督研究 /17
　　第四节　行为学和社会学视角的决策权配置研究 /18
　　本章小结 /20

第三章　理论分析 /21
　　第一节　决策权配置概述 /21
　　第二节　决策权配置与内部资源分配 /24
　　第三节　决策权配置与外部监督 /30
　　本章小结 /31

第四章　经验研究设计 /32
　　第一节　现有决策权配置指标 /32

第二节 中国上市企业集团现金流集中度指标 /36
第三节 模型与数据来源 /40
本章小结 /42

第五章 决策权配置指标的验证 /43
第一节 决策权配置指标的计算 /43
第二节 替代性指标和基本性质 /46
第三节 影响因素 /47
第四节 直接后果 /53
本章小结 /59

第六章 "寡多益寡"：决策权配置与现金持有 /60
第一节 理论分析与研究假说 /60
第二节 经验证据 /64
本章小结 /68

第七章 "力出一孔"：决策权配置与投资 /69
第一节 概述 /69
第二节 决策权配置与固定资产投资 /72
第三节 决策权配置与创新投资 /77
本章小结 /93

第八章 "掩得天下目"：决策权配置与信息披露 /94
第一节 概述 /94
第二节 决策权配置与管理层业绩预告 /97
第三节 决策权配置与盈余管理 /114
本章小结 /122

第九章 "见微知萌"：决策权配置与分析师行为 /123
第一节 理论分析与研究假说 /123

第二节 经验证据 /129
本章小结 /140

第十章 内生性 /141
第一节 决策权配置的内生性 /141
第二节 工具变量 /142
本章小结 /146

第十一章 结论 /147
第一节 总结 /147
第二节 启示 /149
第三节 局限性及展望 /150

附录 /152
附录 A 全部变量定义和计算方式 /152
附录 B 主要变量描述性统计量和相关系数 /158

参考文献 /162

后记 /191

第一章 绪 论

第一节 研究问题

如何配置决策权是组织管理者持续思考的关键问题。为什么决策权配置如此重要？因为组织的根本特征就是权力在一定程度上的集中。马克斯·韦伯认为，一个组织是否存在，完全取决于有没有一个权威人物或者有没有一个行政班子存在（Weber，1922）；在《企业的本质》中，科斯指出企业的标志就是以权威命令替代价格机制分配资源，即决策权的部分集中（Coase，1937）。

关于企业内部的决策权配置，两个研究问题至关重要：第一，决策权配置如何影响企业内部资源分配的效率？第二，企业内部的决策权配置如何影响企业间资源分配的效率？特别地，决策权配置如何影响企业外部人的监督？

权威命令是企业的标志，决策权配置是决定企业内部资源分配效率的关键。已有许多文献在理论层面针对第一个问题开展了研究。Jensen & Meckling（1992）提出，分散决策权有利于减少缺乏信息导致的成本，但会增加目标不一致导致的代理成本；集中决策权能减少代理成本，但会增加信息成本。具体而言，信息成本产生的原因有代理人激励不足（Aghion & Tirole，1997）、多个代理人合谋（Laffont & Martimort，1998）以及沟通困难等。此外,高管具有协调能力优势(Harris & Raviv,2002),所以集中决策权能节约协调成本。在这些理论观点的基础上,现有经验研究检验了决策权配置对创新(Argyres & Silverman,2004;Arora et al.,2014)、银行放贷(Canales & Nanda,2012)、基金投资(Dass et al.,2013)和员工招聘(Deller & Sandino,2020)效率的影响。以公开信息量化决策权配置十分困难,因而这些研究多采用特殊企业样本或以特定事件为研究背景,少数以企业集团为基础,研究视角有限,结论不一。

如果说第一个问题是在企业内部讨论决策权配置的经济后果,那么第二个问题就将讨论范围拓展至企业外部,关注股东与高管之间的经典代理问题。现有的决策权配置研究大多假设企业"集权者"即高管的行为目标是最大化企业价值,未考虑其自身的代理人角色。

在现有文献的基础上,本书有三个研究目标:

第一,以交易成本理论为基础诠释决策权配置;全面分析决策权配置对企业内部资源分配效率的影响;考虑高管的代理人角色,深入分析决策权配置对企业外部监督的影响。

第二,以上述理论分析为基础,从现金持有、投资、信息披露和分析师行为的角度深化分析,提出假说。

第三,以中国上市企业集团为样本,利用其公开披露的财务信息构造决策权配置指标,为以上分析提供经验证据。

第二节 研究内容

本书的研究框架如图1.1所示。第二章简要回顾了决策权配置文献;第三章诠释了决策权配置,阐述了关于决策权配置经济后果的主要观点;第四章介绍了经验研究设计,重点介绍了决策权配置的度量指标;第五章列示了支持决策权配置指标经济含义的证据;第六章至九章分别从现金持有、投资、信息披露和分析师行为的角度分析了决策权配置的经济后果,报告了有

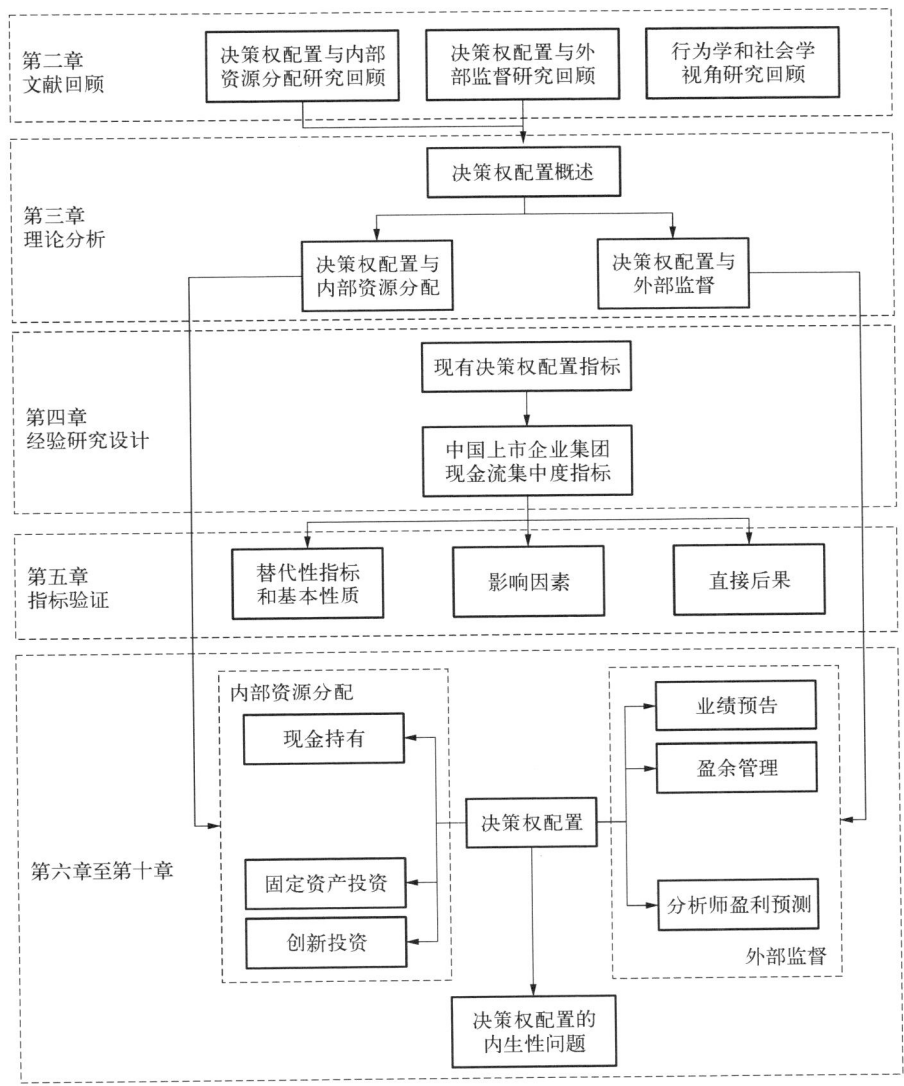

图 1.1 本书的研究框架

关的经验证据;第十章分析了决策权配置研究中的内生性问题,报告了以地方文化权力距离为工具变量的两阶段回归结果;第十一章为结论。

一、理论观点

本书第三章提出了主要的理论观点。决策权配置是指高管与部门经理之间决策权的分散与集中。决策权分散时,部门经理在决策过程中有比较大的自主性,高管通过考核结果约束部门经理的行为;决策权集中时,高管在决策过程中直接扮演重要角色,向部门经理发布命令。

内部决策权配置实质上是企业在资源分配中使用命令和价格的相对程度。在只受让生产力部分产权的情况下,企业如果要依靠价格指导部门经理的生产行为就需要高昂的定价成本;为了节约这一成本,企业会直接向部门经理发布命令。决策权配置规定在契约中,具有刚性,又是一人一事的。虽然高管代表企业与部门经理签订契约,但是受让生产力产权的是企业;高管负责部门经理的考核及命令的发布,所以高管的能力和动机对决策权配置的经济后果有重要影响。

就对企业内部资源分配效率的影响而言,分散和集中决策权各有相对优势和不足。决策权分散的企业接近市场,高管为部门经理的行为"定价",部门经理自发地运用信息。但是对企业而言,分散决策权有三个方面的成本:其一,部门经理追求私人收益或规避私人成本的自利行为带来的成本;其二,在生产要素产权界定不明确的情况下,部门间外部性导致的成本;其三,多部门合作时部门间的交易成本。

集中决策权有助于解决部门经理自利行为和部门间外部性造成的问题,节约部门间交易成本,但是以下两类成本较高:其一,决策权集中时,部门经理把决策所需信息传达给高管,高管处理这些信息并做出决策,再将决策结果告知部门经理,这一过程有信息传递成本和信息处理成本;其二,部门经理预期高管会挤占他们的利益,为企业努力的激励不足,有动机欺骗高管。

根据以上分析,本书将最大化资源分配效率的"最优决策权配置"定义为使自利行为、外部性和合作的成本与信息和激励的成本边际相等的决策权配置。由于配置决策权的过程需要成本,因此企业实际的决策权配置趋向但普遍持续偏离这一最优点。一方面,员工偏好特定的决策权配置,则企业采用这种决策权配置的成本较低;另一方面,签订和变更契约需要成本,因而决策权配置有路径依赖性,无法完全适应当前生产活动的需求。正因为企业实际的决策权配置偏离理论最优点,所以关于决策权配置的研究才有意义;经验研究得以将决策权配置视作一个相对外生的变量。

如果考虑高管的代理人角色,那么决策权配置对高管隐瞒信息的行为和外部人的监督有两种影响:决策权集中时,为了维护从权力中获得的私人收益,高管可能欺瞒外部人;同时,决策权集中则高管行为与企业业绩关联强,一方面进一步增强了高管隐瞒信息的动机,另一方面降低了外部人监督高管的成本。

二、研究设计

本书第四章介绍了现有的决策权配置指标,提出了中国上市企业集团现金流集中度指标。由于决策权配置不易量化,因此直观类指标大多依赖调查数据或企业内部数据,如此限制了样本量、影响了研究可复制性而且限制了研究视角;人员委派类、经营类和投资类指标分别从各自的角度度量决策权配置,各有优劣。

本书以中国上市企业集团为样本,以企业集团的现金流在母公司的异常集中度作为决策权集中度的代理变量。选择中国上市企业集团为样本主要是为了利用强制披露的母公司财务数据。与系族企业层面的研究相比,上市企业集团层面的研究设计有助于识别决策权配置对企业的整体影响。

现金流集中度指标有两大假设,即现金流的分布能反映有关决策权的分布,而且母公司和子公司之间的决策权配置能反映企业集团整体的决策权配置。为了度量决策权配置,本书首先计算了母公司的关键现金流即员工薪酬、毛利和投资与合并报表对应项目之比,然后采用主成分分析法取现金流集中度的第一主成分,最后估计以该主成分为因变量,以母公司相对规模为自变量的模型,将残差即"异常的现金流集中度"作为决策权集中度的代理变量。该指标越大,决策权越集中。

与基于调查或内部数据的决策权配置指标不同,现金流集中度指标以中国上市公司的公开数据为基础,能与上市公司其他数据结合提供丰富的研究视角,并且便于复制研究结果。该指标综合了人员委派类指标、经营类指标和投资类指标的优势,能够较为全面地反映决策权配置。

三、经验证据

本书第五章提供了支持现金流集中度指标经济含义的证据：首先，现金流集中度指标与现有文献使用的决策权配置指标相关系数显著且符号符合预期。其次，现金流集中度指标十分稳定，体现了决策权配置的基本性质；影响因素的检验显示，企业所在地文化的权力距离和多元化战略等变量对现金流集中度指标有显著影响，且回归系数符合预期；CEO 变更前后，现金流集中度指标先降后升，尤其在外部继任样本中。最后，在直接经济后果方面，现金流集中度指标越大，母公司和子公司经营同步性越强，内部控制制度越严格，缺陷越少而且实施效果越好。

本书第六章和第七章从现金持有和投资的角度研究了决策权配置对内部资源分配效率的影响。现金是企业的"血液"，而投资活动决定了企业的成长性，两者对企业价值有决定性影响。

在现金持有方面，决策权集中时，高管可以抑制部门经理过度持有现金的自利行为，同时可以促成多部门共享现金资源，减少现金持有需求，提高现金价值。在持有现金需要成本的情况下，集中决策权导致的信息成本不利于现金的有效使用，也有可能减少现金持有。经验证据显示，决策权越集中，现金持有越少，持有现金的市场价值越高，说明集中决策权主要通过抑制部门经理自利行为和促成多部门合作提高现金持有决策的效率。

在投资方面，本书分别分析了决策权配置对固定资产投资和创新投资的影响。决策权集中时，高管可以抑制部门经理对固定资产的过度投资，同时可以内部化部门间外部性并促进多部门合作以实现固定资产的共享。证据显示，决策权越集中，固定资产投资规模越大，且这一关系在部门间地理距离远的企业中更强；进一步地，决策权越集中，企业计提固定资产减值准备的可能性越小。

集中决策权能促进外部性强的创新投资，推进多部门的创新合作，但是信息成本不利于创新，并且集中决策权对部门经理的创新动机有消极影响。证据显示，决策权越集中，创新投资规模越大。关于调节作用的检验表明，与其他企业相比，设有专职研发中心、部门间地理距离远、高管有技术背景、信息披露创新倾向明显、财务杠杆低和行业垄断程度高的企业中,决策权配置与创新投资规模的关系更强。最后,决策权越集中,探索式创新占创新投资的比重越大。

为了研究决策权配置如何影响高管隐瞒信息的行为,本书第八章分别检验了决策权配置对管理层业绩预告和盈余管理的影响。决策权集中时,高管能利用权力获得私人收益,股东能在高管个人投入与企业业绩之间建立明确的联系,利用披露的信息评价高管,所以高管有动机策略性地披露信息以改善股东的评价,维持私人收益。

关于管理层业绩预告的证据表明,决策权越集中,企业披露的坏消息预告越少,坏消息预告占所有预告的比例越小,坏消息预告的披露精确性越低,越多地被归因于外部因素。进一步地,决策权越集中,坏消息业绩预告的市场反应越弱,好消息和坏消息预告市场反应的不对称性越强。关于盈余管理的经验证据则显示,决策权越集中,调增利润的应计盈余管理越多;当高管财会专业能力强、企业业绩低于预期时,决策权配置与盈余管理之间的关系更强;决策权越集中,年报盈利的市场反应越弱。

最后,为了研究决策权配置如何影响外部人的监督,本书第九章从分析师行为的角度进行了分析。分析师是资本市场上重要的信息中介,为投资者提供信息搜集服务,所以其盈利预测能够反映外部人的信息搜集情况;但是,分析师与股东有利益冲突,有动机发布误导性研究报告。集中决策权增强了高管行为与企业业绩的关联,能够降低分析师预测的成本;通过降低信息披露质量,集中决策权既有可能增加分析师准确预测的成本,也有可能提高分析师为市场提供信息的收益;同时,集权高管有动机要求分析师发布误导性信息,降低盈利预测的准确性。

有关证据表明,决策权越集中,分析师跟踪越多,盈利预测误差越小;新任高管削弱了决策权配置与分析师盈利预测误差的关系,但是管理层业绩预告的披露加强了这一关系。进一步检验发现,决策权越集中,分析师盈利预测的市场反应越强。

为了缓解研究中可能存在的遗漏变量等内生性问题,本书第十章以企业所在地一定距离内明清地方官学的数量度量地方文化的权力距离作为工具变量。两阶段回归的结果在一定程度上支持了决策权配置与投资、信息披露和分析师行为之间的因果关系。

四、创新点和研究意义

本书的创新点体现在以下两个方面：

第一，本书提出了新的理论观点。现有决策权配置理论研究大多假设高管作为"集权者"的行为目标是最大化企业或团队的价值，没有讨论高管的代理人角色。本书以交易成本理论为基础诠释了决策权配置，全面分析了分散与集中决策权对企业内部资源分配效率的影响，进一步放松了高管与股东利益一致的假设，分析了决策权配置对高管的信息隐瞒行为和外部监督的影响。更重要的是，以上述理论观点为基础，本书具体地分析了决策权配置在现金持有、投资、信息披露和分析师行为方面的经济后果，提出了理论假说。

第二，本书创造性地以中国上市企业集团公开披露的财务数据为基础提出并验证了一个决策权配置的新指标，实现了方法创新。与现有指标相比，该指标能与上市公司其他数据结合，提供丰富的研究视角，便于复制研究结果，综合性强。以此为基础，本书深入检验了决策权配置产生经济后果的机制，并以地方文化的权力距离为工具变量，为决策权配置与企业会计和财务行为之间的因果关系提供了证据。

本书的研究意义体现在以下三个方面：

第一，本书具有理论意义。关于决策权配置的经验研究相对缺乏，现金持有、信息披露和分析师等文献均未论及决策权配置，所以，本书不仅是对决策权配置文献的重要补充，而且相应地填补了现金持有、信息披露和分析师等文献的空白。决策权配置指标可供相关研究参考。

第二，本书的结论具有实践指导意义。经验证据表明，集中决策权能通过抑制部门经理自利行为和促成多部门合作节约现金，并能通过内部化部门间外部性和协调多部门合作促进投资；决策权集中时，高管倾向于以策略性信息披露隐藏对其不利的消息，但是作为外部人的分析师能凭借高管行为与企业业绩之间的关联准确地预测业绩。所以，在部门经理自利行为明显损害企业利益、部门间外部性严重或者有多部门合作需求的情况下,企业应当集中决策权。当决策权集中时,外部人应当注意高管的策略性披露以免受其误导,并应关注其他信息来源以对高管行为和企业业绩形成全面认知。

第三,本书的结论或可引申至其他组织。本书的理论分析在"两权"分离的现代企业中进行,但是研究结论适用于各类组织。对于有"哀多益寡"和"力出一孔"需求的组织而言,集中决策权是适宜的;但是集权者可能"掩得天下目",此时需要"见微知萌"的监督者。

第二章 决策权配置文献回顾

第一节 决策权配置与内部资源分配理论研究

一、决策权配置思想沿革

从管理学诞生之日起,决策权配置就是管理学研究的重点。在《科学管理原理》(Taylor,1911)中,泰勒强调科学管理与经验管理的重要区别之一就是管理者承担自身比员工更胜任的工作,而不是将所有工作和大部分职责推给员工,即一定程度上的"集权"。在《工业管理与一般管理》(Fayol,1949)中,法约尔提出了十四条管理原则,其中第八条集中原则聚焦于权力的集中与分散。他认为,集权并不是"好的"或"不好的"管理方式,重要的是找到适合企业的集中程度,以尽可能地使用所有人员的才能,使效率最大化;由于管理者的重要性经常变化,因此权力的集中程度也可以变化。迄今大多数决策权配置研究建立在法约尔的观点上。

在《经济与社会》(Weber,1922)中,韦伯把权力视作定义组织的关键。他认为一个组织是否存在完全取决于有没有一个权威人物或者有没有一个行政班子存在。要实现有效统治,组织中的支配要具有最大限度的正当性。正当性有三种来源,其中的法理型权威是现代特有的类型。法理型权威的基本范畴之一就是"一个特定的权限（管辖权）范围"。科层制（或称官僚制）是法理型权威对应的典型的管理体制，其优越性来自技术知识的运用，但是科层制组织和其中的权力持有人会凭借技术知识和产生于行政过程的经验，追求权力的增殖。韦伯的论述对后世产生了深远的影响。无数研究将企业视为典型的科层制组织，比如 Hall(1963)和 Pugh et al.(1968)等研究正是根据法理型权威的基本范畴量化企业的结构特征；在关于决策权配置的研究中，Aghion & Tirole(1997)明确提出其研究的是官员不具有生产资料所有权、依靠科层制实现控制的法理型权威组织。

新制度经济学打破了企业与市场的壁垒，将两者视为并行的资源分配制度并以主流经济学的范式进行分析，拓宽了经济学的研究范围。在《市场与层级制》(Williamson，1975)中，威廉姆森将企业内部管理的组织形态分为 U 形（一元结构）、H 形（控股结构）和 M 形（多元结构）三种基本类型。U 形企业的决策权集中，H 形企业的子公司独立性强，而 M 形企业将集权与分权相结合。M 形企业近似于微型市场，但是其激励控制和运用信息的效率优于真正的市场，具有结构优势。后来的研究深入分析了决策权配置对企业相对优势的决定性作用。

Jensen & Meckling(1992)从决策权可让渡性(Alienability)的角度解释了企业内决策权配置的重要性。他们将可让渡性定义为决策权所有者出售或转让权力的权力以及获得出售收入的权力。他们认为，在市场中，可让渡性一方面能实现决策权的有效配置，通过决策权的转让使拥有专有知识、能够最大化决策权价值的人获得决策权；另一方面能够缓解后续的控制问题，因为此时决策者拥有决策权的资本价值，尽职能获得收益，卸责就会遭受损失。然而在企业内，可让渡性不随决策权一起被转让，无法实现以上功能，因而企业必须有明确的决策权配置并建立相应的控制机制以替代可让渡性，解决激励控制和信息运用问题。所以，最重要的企业组织设计问题之一便是如何配置决策权。

二、代理成本与信息成本

决策权配置如何影响企业内部的资源分配？简单地说，集中决策权减少代理成本而增加信息成本,分散决策权增加信息成本而减少代理成本。

图2.1为关于企业内两个层级之间决策权配置对组织成本的影响的示意图。纵轴为成本,横轴为决策权下放的程度。Jensen & Meckling(1992)认为,缺乏信息导致的成本随分权而下降,目标不一致导致的代理成本随分权而上升;要最大化企业价值,企业各个层级的决策权配置应最小化组织成本,即使信息成本与代理成本之和最小;最优决策权配置取决于组织规模、信息技术、环境变化速度、政府监管和控制技术等因素。

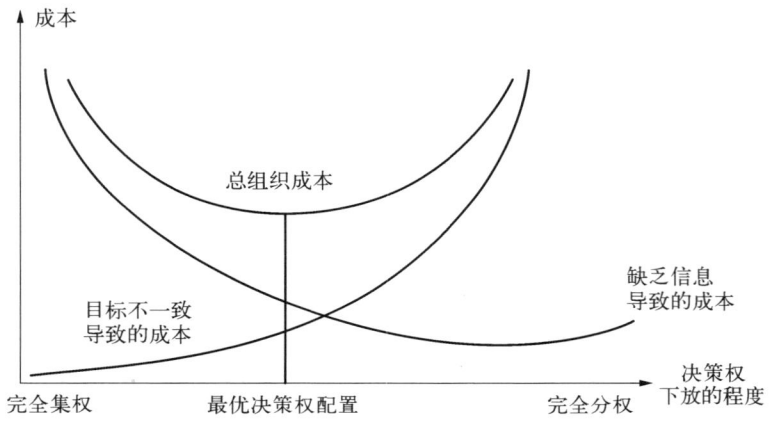

图2.1 决策权配置对组织成本的影响(Jensen & Meckling, 1992)

在决策权分散的情况下,代理人的自利行为会损害委托人的利益,形成代理成本。许多研究以严谨的理论推导诠释了集权带来的信息成本,具体分析了分权的相对优势,文献综述请参见 Poitevin(2000)和 Mookherjee(2006)。这些研究一般以显示原理(Revelation Principle)为基础。显示原理认为,在特定假设下,任何分权组织的产出都能用集权组织复现(Myerson,1982)。在该集权组织中,所有代理人将私人信息报告给委托人,委托人根据这些信息"设身处地"地做出代理人可能会做出的决策。当委托人能够承诺这样做时,代理人就没有动机撒谎,而会诚实地报告私人信息。这一原理认为,如果这样的契约安排能够实现,集中决策权就至少弱优于(weakly preferred to)分散决策权。通过放松显示原理的假设,现有文献指出了集权导致信息成本的三个原因：

第一，显示原理假设委托人能够承诺遵守事前约定的规则，根据代理人报告的信息行动。如果委托人无法做出这样的承诺，代理人预期委托人得到私人信息就会启动再谈判，那么代理人就没有足够的动机投入私人成本搜集信息并诚实报告。这一类文献中最重要的是 Aghion & Tirole(1997)，他们认为分散决策权、将正式权力授予代理人能够防止委托人驳回代理人的提案，防止代理人的努力被套牢(Hold-up)，从而促使代理人积极参与契约关系，主动搜集信息；而当决策权集中时，由于担心提案被驳回，代理人会策略性地传递信息。Baiman & Rajan(1995)、Baker et al.(1999)、Stein(2002)、Dessein(2002)和 Marino & Matsusaka(2004)等的研究表达了相似的观点。

第二，显示原理假设代理人向委托人报告私人信息时不会合谋，实际上多个代理人可能协调报告策略。在决策权集中的情况下，效率高的代理人诚实报告信息会对效率低的代理人造成负的外部性，两者如果合谋就能内部化这种外部性，挤占委托人的租金(Laffont & Martimort, 1998)。决策权分散时不存在信息报告过程，也就没有合谋问题。如果令代理人之一成为剩余索取者，即要求其对其他代理人负责，就可以在代理人之间引入利益冲突，进一步杜绝合谋。

第三，显示原理假设代理人报告信息的成本和委托人使用信息的成本都为零。然而，专有知识很难传递。当决策权分散时，代理人不需要将决策相关信息传递给委托人，也就没有信息传递成本。

在存在多个代理人的情况下，除了代理成本和信息成本，决策权配置还有可能通过改变协调成本来影响组织成本，这是 Jensen & Meckling(1992)的框架没有涉及的。代理人协调多个代理人的能力不及委托人，所以决策权越分散，协调不足导致的成本越大。Bolton & Farrell(1990)认为，由于代理人不了解其他代理人的行为，因此分散决策权会导致延误和重复投入，集中决策权则有利于协调，特别适合于紧急情况和代理人私人信息不重要的情况。Harris & Raviv(2002)认为 CEO 能够协调企业层面的活动，协同效应越强的企业应越集权。

综上所述，现有理论研究认为，集中决策权的相对优势在于节约代理成本和协调成本，分散决策权的相对优势在于节约信息成本。信息成本产生的原因有代理人激励不足、多代理人合谋以及沟通困难等。这些研究为本书关于决策权配置与企业内部资源分配的分析提供了理论基础。

第二节 决策权配置与内部资源分配经验研究

一、决策权配置的量化

早期经验研究将决策权配置视作企业的组织结构特征之一而进行量化，这些研究通常将企业作为一个整体进行分析，对企业中个体动机和行为的关注比较有限。

在韦伯提出的法理型权威基本范畴的基础上，Hall(1963)尝试从六个维度量化官僚制，即观察组织是否具有以下特征：以功能专业化为基础的劳动分工、明确定义的权威阶层、关于任职者权力和责任的规则系统、针对工作场景的流程系统、非人格化的人际关系以及以技术水平为基础的晋升和选聘。关于权威阶层(Hierarchy of Authority)维度，Hall 要求被调查者回答的问题是"个体决定是否需要他人批准(a person can make his own decisions without checking with anyone else)"，决策权配置研究至今沿用这一调查问题。与 Hall(1963)相比，Pugh et al.(1968)调查了更多组织，他们定义了组织结构的六个维度，即专业性(Specialization)、标准性(Standardization)、正规化(Formalization)、集权化(Centralization)、配置合理性(Configuration)和传统主义(Traditionalism)。采用主成分分析法，他们发现四个维度能够刻画组织结构，即活动结构(Structuring of Activities)、权威集中度(Concentration of Authority)、工作流程控制(Line Control of Workflow)和支持性部门的相对规模(Size of Supportive Component)。其后，若干研究[如(Child, 1972)]将 Pugh et al.(1968)的方法应用于其他样本,但是主成分分析得到的结果不完全一致。

实现决策权配置的量化后,学者们开始寻找决策权配置的影响因素和经济后果。其中,Negandhi & Reimann(1973)研究了规模、技术、独立性和市场状况等因素如何影响决策权配置。Reimann(1974)研究了 19 家制造业企业,发现其中效率高的企业的决策权相对分散,专业化程度和正规化程度高。Moch(1976)对美国医院的研究显示,规模增长以及专业化程度、功能分化程度和分权程度的提升均有利于采纳创新。

这一类研究极具开拓性,实现了决策权配置的量化,为决策权配置问题的重要性提供了直接证据,为后续的经验研究提供了方法。

二、代理成本与信息成本

由上一节介绍的理论研究可知,企业降低代理成本或协调多部门的需求越强,越有可能集中决策权;相反,企业降低信息成本、利用较低层级专有知识的需求越强,越有可能分散决策权。在关于决策权配置影响因素的经验研究中,Christie et al.(2003)研究了企业内知识专有性、投资项目的外部性和互补性以及管制对分权程度的影响,发现不受监管、知识难以传递且部门间外部性较小的企业更有可能通过设置利润中心来实现分权。Bloom et al.(2010)发现市场竞争越激烈,决策权越分散。许多研究关注了科技对决策权配置的影响。比如,Acemoglu et al.(2007)认为关于专有技术的公共信息越多,高管分权的需求越弱。他们发现接近技术前沿、处于异质环境的企业以及年轻的企业倾向于分散决策权。Bloom et al.(2014)区分了技术的类型,发现供工厂经理使用的 ERP 系统和供生产工人使用的计算机辅助设计生产系统等信息技术促进分权,而数据内网等沟通技术促进集权。对中国企业集团的研究发现,在内部关联交易少、行业环境不确定性弱、成长速度慢以及内部信息质量差的集团中,决策权更分散(Chen et al.,2012a;王斌和张伟华,2014;Liu et al., 2018)。

决策权配置的经济后果是复杂的。经验研究最常见的主题是创新,这些研究并未得到一致结论。Argyres & Silverman(2004)和 Arora et al.(2014)发现集中决策权有利于协调各部门,推进有影响力的研发创新;而

Kastl et al.(2008)和 Seru(2014)则发现了分散决策权促进创新的证据。本书第七章将对创新主题进行深入分析。

在关于企业集团决策权配置经济后果的研究中，Robinson & Stocken(2013)关注了美国跨国企业集团的母公司与国外子公司之间的决策权配置，发现决策权配置与企业环境之间的错配会使业绩恶化，而当子公司业绩差时，母公司更有可能改变决策权配置。针对中国企业集团的研究显示，成员企业获得的授权越多，CEO 变更对财务业绩的敏感性越强(Chen et al.，2012a)。关于业绩的研究结论并不一致：王斌和张伟华(2014)发现"总部自营程度"越高(决策权越集中)，企业业绩越稳定，经营风险越低；陈志军和郑丽(2016)则发现"子公司经营自主性"越强(决策权越分散)，企业业绩越好，"战略集权"有利于长远发展。

由于决策权配置不易量化，因此经验研究常常以银行和基金等特殊企业为研究对象，或者采用特殊场景。关于银行的研究强调了分散决策权节约信息成本的作用：Nagar(2002)发现在具有成长性、经营波动性大且创新性强的银行中，贷款决策权更分散；Canales & Nanda(2012)发现分权银行更多地贷款给小企业和有软信息的企业，对竞争环境的反应更快；Liberti(2017)则发现向贷款审批者授权能够促进贷款过程中软信息的生产和使用。在对共同基金的研究中，Dass et al.(2013)发现单一经理管理的基金择时能力强，团队管理的基金没有择时能力但选股能力强，他们认为这一结果体现了分权的专业化优势和协调劣势。以美国一家零售连锁企业由分散招聘模式转变为集中招聘模式的事件为研究场景，Deller & Sandino(2020)发现，如果连锁店的主要顾客是回头客或者地理环境特殊，招聘模式的转变会提高员工离职率，原因在于高管缺乏决策所需信息。以特殊企业或特殊场景为基础开展研究虽然保证了研究的内部有效性，但是在一定程度上牺牲了研究的外部有效性。

三、文化对决策权配置的影响

在管理理论的"丛林"中，还有一类讨论值得关注，即决策权配置的文化决定论。Meyer & Rowan(1977)认为，为了提升合法性和存续概率，组织会采用组织工作的普遍概念所定义的、已在社会中制度化的管理方式和流程，即使这种做法背离经济效率原则。所以，组织所在地的文化与价值观会影响组织结构。Hofstede(2001)研究了国家文化与组织之间的关系。他定义了国家文化的五个维度，其中的权力距离(Power Distance)是指组织中权力较少的成员对权力分配不平等情况的接受程度，权力距离越远则对不平等情况的接受程度越高。他认为，文化的权力距离越远，文化中组织的决策权越集中。

越来越多的研究验证了文化对决策权配置的影响。Birnbaum & Wong(1985)研究位于中国香港的跨国银行发现，受中国文化的影响，决策权越集中，有香港背景的员工工作满意度越高；但是，其他组织结构特征并不会差异化地影响不同员工的工作满意度。Lincoln et al.(1986)发现，与美国企业相比，日本企业的员工功能专业化程度较低，阶层较多，正式权力较集中，而实际上的决策权较分散，他们将这一发现归因于两国文化与历史的差异。Bloom et al.(2012)研究了社会资本如何影响企业组织，发现总部所在地区信用程度越高，企业越倾向于分权；跨国企业发源国与子公司所在国的双边信任程度越高则越分权，而且信任带来的分权能够提高生产率。这一类文献为决策权配置研究提供了非经济视角。

第三节　决策权配置与外部监督研究

本章第一节介绍的理论研究大多抽象地分析委托人与一个或多个代理人之间的决策权配置，第二节介绍的经验研究大多关注高管与其下级之间、总部与子公司之间或者团队内部的决策权配置。这些研究实际上假设发布命令的"集权者"（高管、总部或团队领导）的行为目标是最大化企业或团队的价值。然而这些"集权者"实际上也是追求私利的代理人。Stein(2003)认为，完整的企业模型应该至少包含两重代理关系，即股东和高管之间的代理关系及高管和其下级之间的代理关系，而高管和部门经理之间的决策权配置与股东和高管之间的代理关系密切相关。那么,决策权配置具体如何影响股东和高管之间的代理关系呢?

研究企业内部多重代理关系的文献有限。Tirole(1986)是较早建立多重代理模型的研究之一。他的模型中包含委托人、监督者和代理人三个主体,监督者可以决定是否向委托人报告其观察到的代理人的生产力水平。他认为监督者和代理人有可能形成联盟,共同向委托人隐瞒信息。Demski & Sappington(1989)则在多重代理框架内研究了监督者的激励设计。他们认为,如果监督者可获得的关于环境的信息优于或者能够补充代理人的知识,委托人就应该采用代理人的业绩来评价监督者。

在对内部资本市场"阴暗面"的研究中,Scharfstein & Stein(2000)分析了高管拥有资源配置权如何导致效率损失。他们认为部门经理会通过寻租活动争取提高薪酬;CEO 如果是委托人,就会增加部门经理的现金薪酬,资源配置效率不受影响;CEO 如果不是委托人,就会将更多资源分配给寻租部门,而将节余的现金用于个人目的。Duchin & Sosyura(2013)提供的证据显示,与 CEO 有社会关系的部门经理得到了更多资源分配,在治理机制弱时,社会关系会降低投资效率和企业价值,但在信息不对称程度深时,社会关系能够起到积极作用。Xuan(2009)发现 CEO 更替后,原先与新 CEO 没有附属关系的部门得到了更多资源,这种行为会损害投资效率,说明 CEO 将资源分配作为一种建立友好关系的手段。这些文献表明,将决策权集中于高管给其自利行为创造了空间,为本书关于决策权配置与企业外部监督的研究提供了部分基础。

第四节 行为学和社会学视角的决策权配置研究

以上三节介绍的研究以两个相互重叠的假设为基础:其一,个体是原子化(Atomized)的理性人;其二,决策权只具有工具价值。随着经济学的发展,越来越多的研究开始在行为学和社会学的范畴内探讨决策权配置。

"权力不是手段,权力本身就是目的。"①将决策权的价值等同于其工具价值是狭隘的,组织中的个体有可能出于经济利益以外的原因而追求权力。在较早的研究中,Miller & Droge(1986)发现 CEO 对成就的渴求能够很好地解释包括决策权配置在内的组织结构特征。以独裁者博弈为基础,Hamman et al.(2010)发现分权会增加不公平结果。在分权的情况下,委托人的责任感减轻,而代理人可以宣称只是在执行命令,所以委托人会雇用代理人采取自己不愿意直接采取的自私或不道德的行动。相似地,Bartling & Fischbacher(2012)通过实验发现,分权的重要动机之一是卸责。Fehr et al.(2013)的实验从个体投入的角度揭示了权力带来的非货币效用。他们发现,拥有控制权的一方会过度投入;尽管有货币激励,但是大部分下级被控制者的投入不足。Barting et al.(2014)的实验则尝试量化决策权的内在价值与工具价值之差。

如果委托人和代理人都是同质的理性人,他们的人口统计学特征就不会改变决策权配置;特征和背景如果决定了个体的"效用函数",就会影响决策权配置。通过对 CEO 的问卷调查,Graham et al.(2014)发现决策权配置与 CEO 的个人特征和经验有关,任职时间长或有金融背景的 CEO 较少授权。Akinola et al.(2018)认为性别-角色不一致性(Gender-role Incongruence)使女性领袖难以授权。女性倾向于认为授权体现能动性(Agency)。在社会中,女性表现出能动性常常受到惩罚,表现出社交性(Communality)则会受到奖励,所以女性对授权表现出的情感更消极,对于授权更多地感到愧疚,授权时与下级的互动质量更差。问卷调查结果支持了他们的观点。

如果放弃原子化假设,转而认为经济个体嵌入社会关系网络中,那么上下级关系(Leader-member Exchange)对决策权配置就有决定性作用。研究发现,紧密的上下级关系能促进分权,改善分权与业绩之间的关系(Bauer & Green, 1996; Schriesheim & Scandura, 1998; Pellegrini & Scandura, 2006;杨玉龙等,2014)。

---

① 乔治·奥维尔.1984[M].董东山,译.上海:上海译文出版社,2009.

从行为学和社会学视角开展研究有助于理解决策权配置的本质。遗憾的是，本书的主要分析尚未正式涉及有关内容。

本 章 小 结

本章简要回顾了关于决策权配置的文献。从管理理论的"丛林"到新制度经济学再到行为经济学，决策权配置研究的重点相应地发生了变化。现有文献已经就决策权配置对企业内部资源分配的影响建立了比较完整的理论框架，认为集中决策权有节约代理成本和协调成本的优势，而分散决策权能够节约信息成本。但是，关于决策权配置与内部资源分配效率的经验证据仍然有限，鲜有研究关注决策权配置对外部监督的影响。

第三章 理 论 分 析

第一节 决策权配置概述

一、决策权配置的含义和本质

决策权配置是指高管与部门经理之间决策权的分散与集中。如图 3.1 所示,企业中有高管与多个部门经理①。作为外部人的股东与高管签订契约,高管代表企业与部门经理签订契约。"决策权分散"("分权")意味着部门经

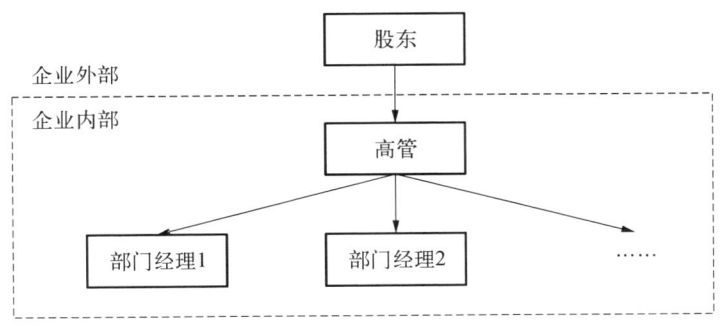

图 3.1 多部门企业结构

---

① "部门经理"不一定领导现实中的"部门"。实际上,本书的分析适用于"高管与员工之间的决策权配置",但是"部门经理"一词更符合直觉和现有文献惯例。

理在决策的提议、执行、审批和监督过程中有比较大的自主性,高管通过考核结果约束部门经理的行为;当"决策权集中"("集权")时,高管在决策过程中直接扮演重要的角色,向部门经理发布命令。

以证券投资基金管理公司近年来的事业部改革为例有助于解释决策权配置。[①] 总体而言,事业部改革使得决策权分散化。改革前,基金公司内投资经理与研究员分属不同的部门,研究部门相当于高管的智囊;高管要求投资经理的决策必须有相关的研究为依据,实际上就是在对投资经理发布命令;高管考核投资经理的依据不是能直接反映其生产力价值的投资业绩。事业部改革的主要措施是将投资经理与研究员从原部门中抽出后成立事业部。改革后,研究员不再是高管发布命令的工具,事业部享有人事和财务等决策权;考核方式也发生了变化,投资经理的薪酬更多地与其投资业绩挂钩。

企业内部决策权配置实质上是企业在资源分配中使用权威命令和价格的相对程度。在私有产权的前提下,通过签订契约,个体可以出让生产力的产权并获得收益。在只受让生产力部分产权的情况下,产权受让方如果要依靠价格指导出让方的生产行为,就需要掌握专业知识,厘清大量交易,从各种高度不确定的活动中区分生产力的贡献从而为生产力的部分产权定价。为了节约定价成本,产权受让方不会用价格指导出让方,而会直接向后者发布命令,"企业"由此诞生。所以,以权威命令分配资源是企业区别于市场的关键特征(Coase,1937;Cheung,1983)。

"企业的边界"一词常被误用。Coase(1937)最早使用"企业的边界"是为了体现企业以权威命令替代市场价格机制分配资源的特征,但是他同时强调"(在企业中)价格机制能被替代的程度有很大差异""不可能划出一条明确而可靠的界线来确定是否存在企业"。Cheung(1983)的调查研究表明,从"接近市场"的掮客制到计件工资制再到"接近企业"的计时工资制契约,权威命令替代价格的程度是连续变化的;领取计件工资的工人既有可能在市场上独立挂牌经营,也有可能与产权受让方一起成立一般意义上的企

[①] 徐皓,陆慧婧.基金公司事业部改革破冰打破16年投研组织架构[OL]. http://www.nbd.com.cn/articles/2014-04-21/827376.html.

业。所以,"企业的边界"是模糊而无意义的,企业最重要的特征是以权威命令替代价格,即决策权配置。

二、决策权配置的性质

高管代表企业与部门经理签订的契约一般包含关于决策权配置的规定。这种契约既有可能是显性的,体现在组织规章制度中,也有可能是隐性的。由于契约的签订和变更需要成本,因此决策权配置具有刚性。

决策权配置是一人一事的。同一企业中不同部门经理签订的契约可能有明显差异,比如企业中的行政人员按部就班领取计时工资,而销售人员可能享有自主权,计件提成。开展多项工作的部门经理可以在关于甲工作的决策上听从权威,同时自主进行乙工作的决策。

虽然高管代表企业与部门经理签订契约,但是受让生产力产权的不是高管个人,而是企业本身。高管和部门经理都是企业的代理人,"企业内存在由股东到高管再由高管到部门经理的双重代理关系"这种说法是不确切的。但是,决策权分散时高管负责部门经理的考核,决策权集中时高管直接向部门经理发布权威命令,所以高管的能力和动机对决策权配置的经济后果有重要影响。

企业内似乎有许多层级,命令似乎是由上而下层层传达的。为什么要听从上级的命令?企业雇用拥有"管理"这类特殊生产力的个体,令他们"生产"命令,然后向部门经理发布命令。当这些特殊个体聚集在企业的顶层并构成智囊团时,显然,他们是命令的生产者,部门经理听从命令是因为他们将生产力产权出让给了企业权威。但是大多数时候,这些特殊个体分散在企业内的不同位置,从事一般生产的个体也兼职"生产"命令。无论这些特殊个体的位置如何,他们的工作实质是不变的。部门经理看似在服从"上级",其实在服从企业借上级之口发布的命令。因此,以如图 3.1 所示的简化企业为基础开展分析是合理的。

三、辨析

本书研究的决策权配置与 Jensen & Meckling(1992)(下称"JM")和部

分管理学文献讨论的"授权"存在差异。JM认为,根据可让渡性是否随决策权一起转让可以区分企业内部活动与市场活动。他们强调,在市场中,可让渡性能够自动解决决策权的归属问题和后续的控制问题;而企业中的可让渡性不随决策权转让,所以需要人为配置决策权并设立控制机制。

JM把决策权定义为对所拥有的资源做决策并采取行动的权力。在对权力系统的分析中,他们认为资本主义以私有产权为基础,个人拥有产权,包括其可让渡性。但是在对资本主义国家的企业的分析中,他们又开始讨论企业"委托人"对"代理人"的授权。企业是如何产生的?产权是如何由个体所有变为企业所有的?JM没有回答这些问题。

如果认为个体签订契约出让产权形成企业,JM所说的"代理人"没有可让渡性就是指个体把生产力产权的可让渡性出让给企业。JM对企业的描述符合现实吗?在现实中,个体可以自由决定是否出让生产力产权,出让产权就是为了获取收益。如果个体把其生产力产权的可让渡性即产权的处分和收益权出让给他人,个体就再也不能决定产权的归属,而他人可以买卖产权并获益,这是奴役,而非企业。所以,并无必要以"企业内可让渡性的缺失"引出决策权配置的重要性。

部分管理学研究把授权与业绩考核并列为管理控制系统的组成部分,比如Abernethy et al.(2004)。与这些文献不同,本书研究的决策权配置不是具体的管理手段,而是组织结构的一个抽象特征,更接近威廉姆森的研究。决策权分散则考核部门业绩,决策权集中则必然有保证权威命令执行的机制。本书不讨论管理控制系统的设计细节,研究重点是决策权配置的经济后果。

第二节　决策权配置与内部资源分配

本节首先抽象地分析对于内部资源分配效率而言分散决策权和集中决策权各自的优势和不足,然后在此基础上提出"最优决策权配置",最后分析现实企业的决策权配置对"最优决策权配置"的偏离。

一、分散决策权的优势和不足

决策权分散的企业接近市场，高管为部门经理的行为"定价"。在若干假设下，市场价格机制能使人们在追求自身利益的同时采取符合社会利益的行为，很好地解决信息运用问题（Hayek，1945）。信息所有者自发的交易行为使信息反映于价格；通过观察价格，人们可以知道"某件事情发生后，相比他所在乎的其他事物，他所需要的特定生产要素是否变得更难或更容易取得，以及他生产和使用的特定商品是否更多或更少地被需要"（Hayek，1945）。企业内部的价格机制也能起到类似的作用。以企业内部竞标为例，当多个部门经理就某一项目向高管报价时，部门经理拥有的信息越多，报价越低，达成交易的可能性越大；部门经理看到其他部门经理的报价就可以"见贤思齐""见不贤而内自省"，为了降低报价、赢得项目、获得奖励而努力；最终，高管可以选择报价最低的部门实施项目，最大化资金利用效率。

然而，对企业而言，分散决策权有以下几个方面的成本：

第一，部门经理自利行为导致的成本。Hayek（1945）认为，人们为了个人利益促成交易就能最大化社会利益；然而在企业中，交易直接影响的是部门利益，而部门经理的个人利益与部门利益不完全一致。在决策权分散的情况下，要追求个人利益，部门经理既可以促成交易，也可以采取自利行为直接增加私人收益或规避私人成本，损害部门利益和企业价值。在内部竞标例子里，有信息、有能力报低价的部门经理可能收受供应商的贿赂，提高成本并报出高价。此时，受贿的部门经理得到了私人收益，他所在的部门却失去了盈利机会或者盈利减少，报价未能充分反映相关信息，资金利用效率也没能实现最大化。

第二，部门间外部性导致的成本。企业内各部门的活动经常影响其他部门的利益，所以部门间存在外部性。在决策权分散的情况下，即使部门经理的个人利益与部门利益绑定，如果外部性问题得不到解决，部门经理对个人和部门利益的追求也就无法最大化企业价值。科斯定理认为，产权初始界定明确是市场价格机制内部化外部性的必要条件；反过来，如果产权的初始界定不明确,依靠市场价格机制解决外部性问题的成本就是高昂的(Coase,1960)。在内部竞标例子里,当多部门共用员工福利设施时,各部门难以在事前充分商定各自占用设施的程度。单一部门如果损坏设施就会损害其他部门的利益,各部门协商分担损失的成本很高,竞标报价很难反映这部分员工福利成本。

第三,多部门合作的成本。在决策权分散的情况下,由于此部门经理没有义务听从彼部门经理的命令,因此多部门要开展合作只能依靠内部市场交易,而交易需要成本。即使部门经理的个人利益、部门利益与企业价值没有冲突,只要有多部门合作,也就会产生这一类成本。

二、集中决策权的优势和不足

在决策权集中的企业内,高管通过命令向部门经理传达决策结果。这种方式有助于解决部门经理自利行为和部门间外部性造成的问题,节约部门间交易成本。

第一,当决策权集中时,决策是由高管而不是部门经理做出的。部门经理无法在决策中追求私人收益或规避私人成本,损害部门利益和企业价值。

第二,在生产要素产权界定不明晰的情况下,要内部化外部性,决策权分散则部门经理需要反复讨价还价,决策权集中则部门经理只需要听从来自高管的命令。所以 Coase(1960)将"企业"和政府列为替代市场的经济组织形式。在多部门共用员工福利设施的例子中,确认各部门对设施占用情况的难度很大,设施受损时各部门可能扯皮推诿,在协商中浪费精力;如果集中决策权,高管就可以起到"仲裁"作用,确定各部门的赔偿,主导设施维修工作。

第三,集中决策权有助于多部门合作。此时部门经理不再需要自行磋商,可以听从高管的命令,协调生产。比如,企业集团内两家地理距离极远的子公司要合作开展一个项目,当决策权分散时,两家公司需要投入大量成本了解对方、制定契约并保证契约的执行,而当决策权集中时,两家公司听从高管命令即可。

但是,与决策权分散的情况相比,当决策权集中时,以下两类成本较高:

第一类是信息成本,包括信息传递成本和信息处理成本。当决策权集中时,部门经理把决策所需的信息传达给高管,高管处理这些信息并做出决策,再将决策结果告知部门经理。一方面,信息是不完全的,契约是不完备的,所以部门经理很难向高管准确传达一切信息,高管告知部门经理决策结果时也难以覆盖一切自然状态,这就会使决策偏离最优。另一方面,即便所有部门经理都向高管完整地传递了信息,描述了他们在工作中所见的一切,在有限理性的情况下,高管也无法灵活运用这些信息找到经济问题的最优解。以计算机科学的概念类比,在运用信息方面,集中决策权相当于"集中式计算",分散决策权相当于"分布式计算"。有的问题需要强大的计算能力才能解决,集中式计算的效率很低。

第二类是部门经理激励不足导致的成本。在内部竞标例子中,部门经理尽量使报价反映他们的信息是为了促成交易,最终获得个人利益,可见分散决策权的优势建立在部门经理对个人利益的追求上。在决策权集中的情况下,高管决定一切,部门经理对个人利益的追求起不到润滑作用,反而是企业的负担,所以高管完全可以挤占部门经理的利益,直到部门经理在企业中获得的效用等于他们的保留效用。也就是说,在保证部门经理不退出企业的限度内,高管可以降低他们的薪酬,消灭他们获利的机会。高管是否会这样做? 如果高管确实这样做,部门经理预期到自己如何努力都无法增加个人利益,那么他们就不会努力,需要部门经理投入、依赖部门经理信息的活动的效率就会下降,部门经理甚至可能故意向高管传递错误的信息,多个部门经理可能合谋欺骗高管。比如,为了影响高管的购买决策以获得私人收益,部门经理可能故意贬损部分产品,吹嘘其他产品;前景好的部门的经理可能收受其他部门经理的贿赂,故意向高管低报对未来业绩的预期,使得各部门资源分配更平均。考虑到这些负面影响,高管虽有能力但没有动机挤占部门经理的利益,问题是他们很难向部门经理承诺他们不会这样做。一旦部门经理预期高管会挤占他们的利益,上述激励不足导致的成本就会出现。

三、最优决策权配置

前文分析显示,就对于内部资源分配的作用而言,集中决策权和分散决策权各有千秋。如表 3.1 所示,集中决策权有助于解决部门经理自利行为和部门间外部性造成的问题,节约部门间交易成本,但是会带来信息成本,导致部门经理激励不足;分散决策权能使部门经理自发地运用信息,但也存在成本,成本来源包括部门经理自利行为、部门间外部性和多部门合作。

表 3.1　　　　　　　集中决策权与分散决策权的特点

项　　目	集 中 决 策 权	分 散 决 策 权
自利行为	部门经理无法采取自利行为	部门经理自利行为导致成本
外部性	在各部门生产要素产权界定不明晰的情况下,内部化外部性成本低	在各部门生产要素产权界定不明晰的情况下,内部化外部性成本高
合作	部门间不需自行交易	部门间自行交易成本高
信息	部门经理与高管传递信息需要成本,高管信息处理能力有限导致成本	部门经理自发使用信息
激励	部门经理预期高管挤占其收益,激励不足导致成本	

由此可以定义"最优决策权配置",即使得自利行为、外部性和合作的成本与信息和激励的成本边际相等的决策权配置。如果与最优决策权配置相比,企业的决策权过于分散,那么增加权威命令的使用就可以节约部门经理自利行为和部门间外部性导致的成本以及部门间的交易成本,从而提高资源分配效率。反过来,如果与最优决策权配置相比,企业的决策权过于集中,那么减少权威命令、使企业接近市场就能降低信息成本和部门经理激励不足带来的成本,提高资源分配效率。[①]

最优决策权是由企业的生产活动需求决定的:当部门经理有很强的自利倾向、部门间外部性强或各部门自行磋商的成本特别高时,最优决策权配置偏向集中决策权;当部门经理拥有的信息或投入的努力至关重要时,最优决策权配置偏向分散决策权。

---

① 由于存在最优决策权配置,因此企业实际决策权集中度与企业价值之间可能存在先升后降的非线性关系。但是,决策权集中度与现金持有和投资等单一经济后果之间未必有非线性关系。比如,即使与最优决策权配置相比,企业的决策权过于集中,进一步集中决策权也有可能促进大规模投资。为了简化理论,便于理解,本书第六章至第九章不讨论非线性关系。

四、对最优决策权配置的偏离

在不考虑高管自利行为的情况下,如果配置决策权没有成本,高管就将保证企业的决策权配置处在最优点,根据生产活动需求调整决策权配置。然而,企业实际的决策权配置趋向但普遍持续偏离最优点,有如下原因:

首先,部门经理的偏好决定了推行不同决策权配置的成本。有的部门经理乐于听从权威命令,相比分散决策权更偏好集中决策权,那么在这些部门经理所在的企业中,集中决策权的成本低于分散决策权的成本;相反,有的部门经理相比集中决策权更偏好分散决策权,那么其所在企业分散决策权的成本就相对较低。许多因素决定了部门经理对决策权配置的偏好。比如,在权力距离大的文化中,组织一般比较集权(Hofstede,2001)。这可能是因为,在这些文化中,人们充分了解集中决策权的后果,能根据历史经验对集权组织形成预期,所以偏好集权;高管不需要耗费多少精力就能说服部门经理听从命令,即使集中决策权未必是最优决策权配置。

其次,签订和变更关于决策权配置的契约需要成本,比如制定和推行规章制度的成本。如果员工对决策权配置没有偏好,变更契约又没有成本,一旦生产活动发生变化,企业就可以按需改变决策权配置。然而,变更契约需要成本,而且变更的程度越深,成本越高,所以当生产活动发生变化时,企业需要权衡适应需求的收益和变更契约的成本。若收益小于成本,则不改变决策权配置;若收益大于成本,则在一定程度上改变决策权配置直至边际收益与边际成本相等。变更契约的成本使决策权配置具有路径依赖性,无法保持在理论最优点。

为什么企业实际的决策权配置普遍持续偏离前文边际分析确定的最优点?这是因为前文的"最优决策权配置"是狭义的,只考虑不同决策权配置对资源分配的作用,不考虑配置决策权的成本。如果把前文提到的各类成本全部纳入分析范围,确定广义的"最优决策权配置",那么在长期,企业实际的决策权配置就不会偏离最优点。

为什么要关注狭义的最优决策权配置?因为决策权配置对企业内部资源分配的影响是本书研究的重点之一。为什么要强调实际决策权配置普遍持续偏离这一最优点？如果实际的决策权配置已经满足了内部资源分配的需要，那么即使得到了关于决策权配置经济后果的结论，也无法用这些理论优化决策权配置，研究将失去意义。正是因为实际决策权配置不是全然"内生"于经济因素的变量，所以关于决策权配置的分析和检验才有意义。企业可以根据研究结论调整决策权配置，经验研究得以将决策权配置视作一个相对外生的变量。

本书第六章和第七章将从现金持有和投资的角度检验决策权配置对企业内部资源分配的影响，为本节的观点提供证据。现金是企业的"血液"，而投资决定了企业的成长性，两者对企业价值均有决定性影响，所以本书选择从这两个角度开展研究。

第三节　决策权配置与外部监督

为了聚焦于决策权配置对企业内部资源分配的影响，上一节假设高管的行为目标是最大化企业的价值，没有正式考虑高管的代理人角色。现代企业最重要的特征就是所有权与经营权分离，海量文献研究了高管的自利行为和有关的治理机制。为了全面地评价决策权配置的经济后果，本节将分析决策权配置如何影响企业外部人的监督。

首先，决策权集中则高管可以从权力中获得私人收益。前文指出，当决策权分散时，部门经理会采取行动增加私人收益或规避私人成本。高管也有相似的自利行为，比如进行非效率投资以及偷懒卸责等。高管还有一类特殊的自利行为，即权力寻租。拥有决策权的高管可能以权力为筹码谋取私人收益，比如高管可以向寻租的部门经理配置过多资金（Scharfstein & Stein, 2000）。股东一旦发现这些非生产性活动损害了企业价值，就必然对高管实施惩罚。为了维护私人收益，防止权力被剥夺，高管将采取特定行为，比如对外部人隐瞒信息。

其次，决策权集中则高管行为与企业业绩的关联性强。当决策权分散时，政出多门，高管行为与企业业绩关联性弱；而当决策权集中于高管时，高管行为与企业业绩的关联性强。Sah & Stiglitz(1991)发现，当决策权集中时，优秀决策者带来的好处更大。当决策权集中时，外部人可以根据业绩评价高管决策的有效性，也可以根据高管个人和决策的特征预测企业业绩。高管行为与企业业绩的关联一方面降低了外部人监督高管的成本，另一方面增强了高管隐瞒信息的动机。

本书第七章和第八章将从信息披露和分析师行为的角度为以上观点提供证据。

本 章 小 结

本章剖析了决策权配置的本质，阐述了决策权配置对企业内部资源分配和外部监督的影响。决策权分散意味着部门经理决策自主性强，高管为部门经理的行为"定价"；决策权集中则高管通过命令向部门经理传达决策结果。集中决策权有助于解决部门经理自利行为和部门间外部性造成的问题，节约部门间交易成本；分散决策权则能促使部门经理自发地运用信息。企业实际的决策权配置普遍持续偏离最大化内部资源分配效率的"最优决策权配置"。如果考虑高管的代理人角色，当决策权集中时，高管可以从权力中获得私人收益，而高管行为与企业业绩的关联性强，所以集中决策权会增加高管隐瞒信息的行为，但能降低外部人的监督成本。

第四章 经验研究设计

第一节 现有决策权配置指标

关于决策权配置的经验研究大多依赖调查数据或企业内部数据,少量档案研究试图度量企业集团母公司与子公司之间的决策权配置。除了决策权配置整体情况指标,文献还针对性地提出了若干创新决策权配置指标。如表 4.1 所示,现有决策权配置指标可以大致分为直观类、人员委派类、经营类和投资类四类。

表 4.1　　　　　　　　文献中的决策权配置指标

分　类	指　　　标
直观类	● 部门经理或员工做重要决策时是否需要上级批准(Hall, 1963) ● 有最终话语权的层级(Pugh et al., 1968) ● 实验室由总部还是部门控制(Argyres & Silverman, 2004)
人员委派类	● 控股股东任命的不领薪董事比例(Chen et al., 2012a),母公司和子公司兼职高管比例(陈志军和郑丽,2016) ● 母公司支付的员工薪酬占合并报表对应项目的比例,以母公司资产占比调整后的残差计(潘怡麟等,2018)

续 表

分 类	指 标
经营类	• 企业第二层级部门中利润中心与成本中心占比（Christie et al.，2003；Acemoglu et al.，2007） • 母公司收入、费用或资产占合并报表对应项目的比例（王斌和张伟华，2014；Liu et al.，2018） • 海外子公司会计核算是否与母公司采用同种货币（Robinson & Stocken，2013）
投资类	• 总部研发预算占总研发预算的比例（Argyres & Silverman，2004；Seru，2014） • 母公司专利占所有专利的比例（Arora et al.，2014）

一、直观类指标

直观类指标贴合决策权配置的定义，多以调查或内部数据为基础，以Hall(1963)为代表。Hall(1963)要求被调查者描述决策在多大程度上需要上级批准。后来的研究采用此方法时通常要求被调查者就不同决策的自主程度分别打分，然后以主成分分析或因子分析得到单维指标。比如，Abernethy et al.(2004)关注了关于战略、人力资本管理、运营、市场营销和投资的决策；Moers(2006)聚焦于新产品和服务开发、员工任免、大规模投资项目选择、预算分配和定价决策；Bouwens & Van Lent(2007)则研究了四类决策，分别是战略、投资、市场营销和人力资本。这类指标的优势在于不仅能度量企业层面的决策权配置，而且能刻画员工个人所拥有的决策权；缺陷在于只能反映被调查者的主观印象。

为了弥补以上缺陷，Pugh et al.(1968)采用了相对客观的方法。他们调查了企业中对特定决策有最终话语权的层级，然后将层级分为六类，即运营层(Operating，如一线工人)、监督层(Supervisory，如领班)、工作流程子单元层(Workflow Subunit，如厂长)、所有工作流程层(All Workflow Activities，如生产经理)、整体组织层(Whole Organization，如CEO)以及高于CEO的层级(Above Chief Executive，如董事会)。他们认为拥有最终话语权的层级越高，决策权越集中。这一指标的劣势在于实施困难：Pugh et al.(1968)共调查了 52 个组织 37 类决策的权力配置,通过访谈确定拥有每一类决策权的层级。由于不同企业的职位序列不可比,划分层级不易,因此这种度量方法不适用于大样本。

Argyres & Silverman(2004)以美国工业研究机构(Industrial Research Institute,IRI)1994 年对研发经理的调查为基础,构建了两个创新决策权集中程度指标。其中,实验室位置指标的思想是,如果单一研发经理负责企业所有研发活动并且直接向高管报告,则认为创新决策权集中;如果各部门分别开展研发活动,则认为创新决策权分散。这一变量实际度量的是对创新决策有最终话语权的层级,与 Pugh et al.(1968)相似,其存在不可比和划分困难的问题。

二、人员委派类指标

人员委派类指标认为企业集团能够通过向子公司委派经理人来加强控制,实现决策权集中。Chen et al.(2012a)研究了上市公司所在的企业集团对上市公司的控制,以控股股东任命且不在上市公司领薪的董事占所有董事的比例为主要自变量。相似地,陈志军和郑丽(2016)研究了上市企业集团,以在集团或母公司任职并在子公司兼职的董事和高管的比例为主要自变量。

同样以中国上市企业集团为样本,潘怡麟等(2018)提出了一种度量决策权配置的新思路,即对式(4-1)进行分年度分行业的回归,将估计残差作为决策权集中度指标,其中 $PSalary$ 为母公司支付给职工以及为职工支付的现金与合并报表对应项目的比值,$PAsset$ 为母公司总资产与合并报表总资产之比。此指标假设母公司支付的薪酬比例反映了其对集团人事权的控制程度,进一步体现了母公司对集团各类决策权的控制程度。

$$PSalary_{i,t} = \beta_0 + \beta_1 \times PAsset_{i,t} + \varepsilon_{i,t} \qquad (4-1)$$

三、经营类指标

经营类指标关注经营相关决策权的配置,或是以经营活动的分布反映决策权配置。Christie et al.(2003)和 Acemoglu et al.(2007)认为,收入和成本中心的经理只能控制成本或收入,而利润中心的经理可以同时控制两者,因而后者拥有的决策权相对较多。企业二级部门中,利润中心的比例越大则决策权越分散。这一指标无法摆脱问卷调查指标的固有缺陷,只能展现截面情况,可复制性不足。

中国、日本和韩国等东亚国家采用双重披露制,企业集团同时披露母公司报表和合并报表。部分学者利用此数据优势度量决策权配置。利用中国上市企业集团样本,王斌和张伟华(2014)以母公司收入与合并报表收入之比度量"总部自营率",而 Liu et al.(2018)以式(4-2)构造了一个决策权集中度指标,试图反映集团中母公司统一购买、统一销售的行为,但是没有提供销售收入占比和营运费用占比的权重为 0.5 的依据。

$$DI = -\left(\frac{母公司销售收入}{合并报表销售收入} \times 0.5 + \frac{母公司营运费用}{合并报表营运费用} \times 0.5 - \frac{母公司营运资产}{合并报表营运资产}\right)$$

(4-2)

在对美国跨国企业集团的研究中,Robinson & Stocken(2013)认为功能性货币非美元的子公司在经营中有自主权。他们同时以美国经济分析局(U.S. Bureau of Economic Analysis)开展的"美国海外直接投资调查(Surveys of U.S. Direct Investment Abroad)"和财务报表中的外币报表折算差额(Consolidated Translation Adjustment)为数据基础。这一指标存在明显缺陷:首先,此指标只适用于跨国企业集团;其次,许多国家对会计核算货币的明确规定易导致度量误差,如我国《会计法》第十二条规定,"会计核算以人民币为记账本位币";最后,以财务报表汇兑损益为基础只能构造虚拟变量,指标区分度不足。

四、投资类指标

投资类指标以投资分布反映决策权配置。Argyres & Silverman(2004)构建的第二个创新决策权配置指标是研发预算集中度,即企业总部提供的研发资金与企业总的研发资金之比。IRI 调查只覆盖 120 家企业,且基本不披露企业名称,所以研究者只能根据调查结果中的线索进行匹配。Argyres &

Silverman(2004)的样本只含 71 家企业；Seru(2014)同样在 IRI 调查基础上计算研发预算集中度，样本只含 54 家企业。

为了利用大样本进行检验，Arora et al.(2014)以公开数据为基础设计了创新决策权配置指标，计算了母公司专利占全部专利的比例。此指标的问题在于依赖专利数据，本书第七章创新投资部分将深入分析以专利度量创新的不足。

五、现有指标评价

在现有的决策权配置指标中，直观类指标主要以调查或内部数据为基础，限制样本量、影响研究可复制性而且限制研究视角；人员委派类、经营类和投资类指标分别从各自的角度度量决策权配置，各有优劣。本书将在现有文献的基础上提出一个博采众长的指标。

第二节 中国上市企业集团现金流集中度指标

与潘怡麟等(2018)相似，本书以中国上市企业集团为样本，以企业集团的现金流在母公司的异常集中度作为决策权集中度的代理变量。

一、以中国上市企业集团为样本的原因

上市企业集团是指控制子公司并编制合并报表的上市公司，母公司是指上市公司内的控股公司，子公司则是被母公司控制并纳入报表合并范围的公司。上市企业集团有可能是规模更大的企业集团的一部分（下称"系族企业"）。本书并不否认这一点，而是出于数据可得性的考虑在上市企业集团层面开展研究。

上市企业集团披露的母公司财务数据为关于企业内部经营安排的研究提供了数据基础。《公开发行证券的公司信息披露编报规则第 15 条——财

务报告的一般规定》(证监会公告〔2014〕54号)第九条要求"编制合并财务报表的公司,除提供合并财务报表外,还应提供母公司财务报表"。除了前文回顾的决策权配置文献,还有文献利用母公司财务数据研究了企业集团的资源分配,包括现金(陆正飞和张会丽,2010;张会丽和吴有红,2011;张会丽和陆正飞,2012a;程新生等,2020)、收入、税费(张会丽和陆正飞,2012b)以及负债(张会丽和陆正飞,2013;何捷等,2017)等。参考这些文献的做法,本书通过对比上市企业集团的合并报表和母公司报表量化决策权配置。

许多关于企业集团的研究是在系族企业层面进行的。这些研究将上市公司视为"部门",检验上市公司层面的经济后果实际上是研究部门层面的经济后果。比如,Chen et al.(2012a)用控股股东委派上市公司董事的情况度量系族企业的分权程度,发现分权降低了上市公司CEO("部门经理")变更对财务业绩的敏感性。如图4.1所示,上市企业集团与系族企业的范围有明显差异。对于系族企业的研究关注控股公司与上市公司之间的决策权配置在上市公司层面的经济后果,相当于研究高管与部门经理之间的决策权配置在部门层面的经济后果;而本书聚焦于上市企业集团内部决策权配置在上市企业集团层面的影响,实际上是在研究决策权配置如何影响整个

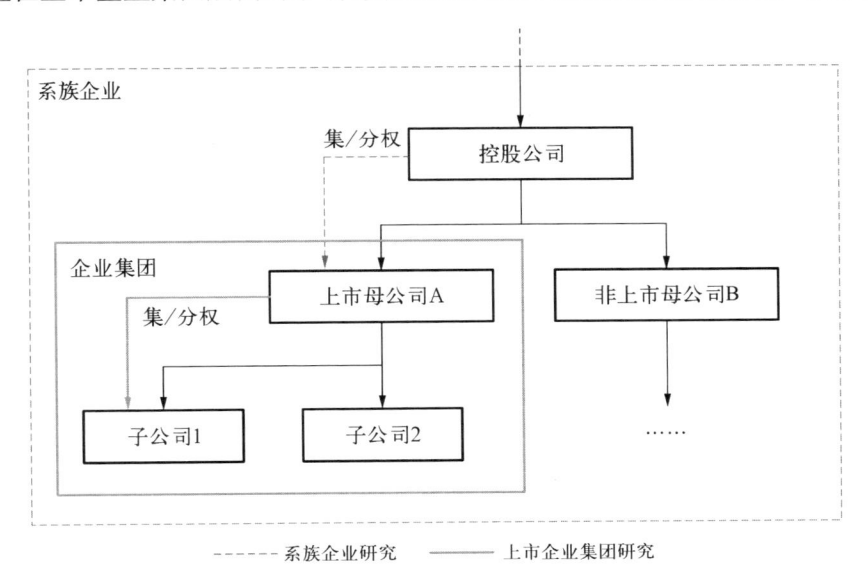

图 4.1 上市企业集团研究与系族企业研究比较

企业的运作。要优化决策权配置,仅了解其在部门层面的影响并不足够,更重要的是识别决策权配置对企业的整体影响,因此在上市企业集团层面开展研究比对系族企业开展研究具有优势。

中国上市企业集团对中国上市公司乃至全部企业有一定代表性。在中国,股利为免税收入,建立企业集团的成本较低,而且早年市场与法制不发达时企业集团能够有效降低交易成本(Khanna & Yafeh,2007),所以绝大多数中国A股上市公司为同时披露合并报表和母公司报表的企业集团。数十年来,中国经济总量日益增长,中国企业特别是上市公司的治理机制逐渐完善,因而以中国上市公司为样本能够得到具有一般性的结论。

二、指标的假设

基于现金流集中度的决策权集中度指标有两大假设,即现金流的分布能反映有关决策权的分布,而且母公司和子公司之间的决策权配置能反映企业集团整体的决策权配置。

"现金流的分布反映有关决策权的分布"是现有决策权配置研究常用的假设。在这一假设的基础上,本书通过计算企业集团的现金流发生在母公司的比例来度量母公司和子公司之间的决策权配置,认为现金流发生在母公司的比例越大则母公司拥有的决策权越多。具体而言,参考前文介绍的人员委派类、经营类和投资类指标,本书计算了员工薪酬、毛利和投资发生在母公司的比例。具体思路如下:

第一,员工薪酬发生在母公司的比例越大,母公司对子公司的直接控制越强。这一思路来自潘怡麟等(2018)。向子公司委派人员是母公司控制子公司的重要方式(苏静,2006;Chen et al.,2012a)。根据会计准则的规定,在业绩考核和薪酬决定权由母公司掌握的情况下,被委派人员更接近母公司的员工,其薪酬费用应体现在母公司中。在对系族企业决策权配置的研究中,Chen et al.(2012a)关注的就是由控股股东任命且不在上市公司领薪的董事。相似地,由母公司任命且不在子公司领薪或领薪较少的管理人员越多,母公司对子公司的控制越强,员工薪酬发生在母公司的比例越大。

第二,毛利发生在母公司的比例越大,子公司采用利润中心核算模式的可能性越小,采用收入和成本中心核算模式的可能性越大。采用收入和成本中心核算模式的子公司不产生利润,而是根据人为规定的内部结算价格计算利润,实现独立核算与独立纳税。根据 Christie et al.(2003)和 Acemoglu et al.(2007)的观点,二级部门中的利润中心比例越小则经营决策权越集中,所以毛利发生在母公司的比例越大,企业的决策权越集中。

第三,投资发生在母公司的比例越大,母公司越有可能对投资项目和形成的资产有实质性权力。

由于公开数据有限,本书不得不采用管中窥豹的方式,假设母公司与子公司之间的决策权配置能反映企业集团整体的决策权配置。

三、计算过程

基于现金流集中度的决策权集中度指标的计算步骤如下:

第一,计算母公司员工薪酬、毛利和投资与合并报表对应项目之比。其中,员工薪酬为支付给职工以及为职工支付的现金,毛利为销售商品、提供劳务收到的现金与购买商品、接受劳务支付的现金之差,投资为构建长期资产和取得子公司支付的现金。按[0,1]区间对各比例进行缩尾。

第二,标准化各比例,采用主成分分析法取第一主成分 C。

第三,对式(4-3)进行分年度分行业回归,其中 $PAsset$ 为母公司总资产占集团总资产的比例,计算方法见式(4-4)。估计残差为决策权集中度指标 Cen。

$$C_{i,t} = \beta_0 + \beta_1 PAsset_{i,t} + \varepsilon_{i,t} \tag{4-3}$$

$$PAsset = \frac{母公司总资产 - \max\{0, 母公司报表长期股权投资 - 合并报表长期股权投资\}}{合并报表总资产}$$

(4-4)

采用现金流量表数据而非利润表数据是为了便捷地获得员工薪酬信息。主成分分析法有助于消除现金流集中度的度量误差,"让数据说话",而不是人为确定指标不同成分的权重。

本书通过回归取残差的方式计算"异常的现金流集中度"。如果企业集团的母公司大而子公司小且少,现金流就将自然地集中于母公司,所以主成分分析产生的现金流集中度在反映决策权配置的同时受到母公司相对规模的干扰。以现金流集中度为因变量，以母公司相对规模为自变量进行回归，回归估计值为能够被母公司相对规模解释的现金流集中度，残差体现了决策权配置。

指标的计算过程看似复杂，但每一步都有明确的经济含义。有文献采用了相似思路设计度量指标。比如：为了度量管理层能力，Demerjian et al.(2012)首先计算了营业收入、营业成本、销售管理费用、固定资产、无形资产和声誉等指标；然后以营业收入度量企业产出，以其他变量表示企业投入，进行数据包络分析估计企业效率；最后以估计得到的效率为因变量，以规模、市场份额和自由现金流等企业特征为自变量进行回归，将回归残差作为管理层能力指标。

四、指标的优势和不足

与基于调查或内部数据的决策权配置指标不同，现金流集中度指标以中国上市公司的公开数据为基础，能与上市公司其他数据结合提供丰富的研究视角，并且便于复制研究结果。该指标综合了人员委派类指标、经营类指标和投资类指标的优势，能够较全面地反映决策权配置。

这一指标的局限在于只反映各类决策权整体的配置情况。如果集团对某类决策有特殊安排，比如强调员工在创新中的作用，那么创新决策权的配置就可能与其他决策权有差异。所以在部分经验研究中，这一指标有误差。当然，度量误差将增大发现显著结果的难度。如果在有误差的情况下，仍能发现显著而稳健的经验证据，则说明理论分析是可靠的。

第三节　模型与数据来源

一、回归模型

除第八章和第九章的部分检验外，本书主要采用上市企业集团-年度样本；除第七章部分检验外，研究区间为 2007 年至 2017 年。研究区间始于

2007 年是因为 2007 年开始实施的新会计准则与原会计准则差异较大。本书将满足以下条件的上市公司识别为企业集团：同时披露合并报表和母公司报表，合并报表和母公司报表的总资产、销售收入和净资产不完全相同，且披露至少一家子公司的名称。

经验研究主要采用如式(4-5)所示的回归模型；部分检验关注决策权配置如何调节两个变量之间的关系，模型如式(4-6)所示。

$$因变量_{i,t} = \beta_0 + \beta_1 \times Cen_{i,t} + \sum \beta \times 控制变量_{i,t} + \varepsilon_{i,t} \quad (4-5)$$

$$因变量_{i,t} = \beta_0 + \beta_1 \times 自变量_{i,t} + \beta_2 \times Cen_{i,t} + \beta_3 \times Cen_{i,t} \times 自变量_{i,t}$$
$$+ \sum \beta \times 控制变量_{i,t} + \varepsilon_{i,t} \quad (4-6)$$

本书根据因变量的分布决定回归方法，采用的方法包括最小二乘法（OLS）、截尾回归（Tobit）、概率比回归（Probit）和有序概率比回归（Ordered Probit）。各章共同的控制变量包含两类，即公司基本特征变量和公司治理机制变量。公司基本特征变量有资产规模（$Size$）、盈利水平（ROA）、成长性（MB）、经营风险（$Risk$）、财务杠杆（Lev）、产权性质（SOE）、公司年龄（Age）、市场竞争（$Mono$）、境外经营（$Overseas$）和行业多元化（$IndDiv$）；公司治理机制变量有董事会规模（$Board$）、董事会独立性（$Indepen$）、两职合一（$Dual$）、第一大股东持股（$FirstShr$）和高管持股（$MngHld$）。这些控制变量与决策权配置有相关性，这种多重共线性会增大回归系数标准误，导致第二类错误，增加发现结论的难度；同时，这些控制变量会影响对决策权配置变量系数的估计，所以多元回归的结论是以控制特定变量为前提的。附录 B 报告了决策权集中度与主要因变量之间的相关系数。

同一企业的决策权配置在时间序列上的变化很小，而各企业的决策权配置差异是持续的。为了利用企业间差异估计决策权配置与信息披露之间的关系，本书没有采用企业固定效应模型，而是在模型中加入了表示年度和行业的虚拟变量，并在企业层面聚类修正标准误。本书中，"＊＊＊"表示显著性水平小于 1%，"＊＊"表示显著性水平在 1% 和 5% 之间，"＊"表示显著性水平在 5% 和 10% 之间。括号中通常是 t 统计量或 z 统计量。

二、数据来源

本书的数据主要来自国泰安 CSMAR 数据库,其他数据来源包括 DIB 内部控制与风险管理数据库、同花顺 iFind 数据库、文构 Wingo 财经文本数据平台、谷歌 Google 专利数据库、锐思 RESSET 数据库。本书根据国学大师网(guoxuedashi.com)手工搜集了明清地方官学信息,根据巨潮资讯(cninfo.com.cn)披露的上市公司公告手工搜集了最终控制人等数据。

本 章 小 结

本章介绍了现有文献使用的决策权配置指标,提出了一个博采众长的新指标。这一指标以中国上市企业集团公开披露的财务数据为基础,实质上是企业集团的现金流在母公司的异常集中度。这一指标能与上市公司其他数据结合提供丰富的研究视角,并且便于复制研究结果。最后,本章介绍了回归模型设计。

第五章 决策权配置指标的验证

第一节 决策权配置指标的计算

一、样本

用于计算决策权集中度指标的样本选择过程如表 5.1 所示。2007 年至 2017 年所有 A 股上市公司-年度观测中,只有 1 675 个观测不满足企业集团的条件,说明绝大多数上市公司为企业集团。从 24 739 个观测中,剔除 407 个来自金融行业的观测、2 105 个上市前或上市当年的观测、271 个净资产为负的观测、1 421 个关键变量缺失的观测以及 350 个同年同行业观测数不足 20 个的观测后,用于计算决策权集中度指标的样本含 20 185 个公司-年度观测。本书第六章至第十章的样本均小于此样本是因为剔除了其他变量缺失的观测。

表 5.1　　　　　　　　决策权集中度指标样本筛选过程

筛　选　标　准	公司-年度观测(个)	占比(%)
2007 年至 2017 年 A 股上市公司 减:非企业集团观测	26 414 (1 675)	106.77 (6.77)
2007 年至 2017 年 A 股上市企业集团 减:金融行业观测 　　上市前或上市当年观测	24 739 (407) (2 105)	100.00 (1.65) (8.51)

续 表

筛 选 标 准	公司-年度观测(个)	占比(%)
净资产为负观测	(271)	(1.10)
变量缺失观测	(1 421)	(5.74)
同年同行业不足 20 个观测	(350)	(1.41)
最终样本	20 185	81.59

表 5.2 分年分行业报告了样本分布情况。从 2007 年至 2017 年,样本观测数逐渐增加。观测最多的四个行业分别是机械、设备、仪表制造业(20.26%),石油、化学、塑胶、塑料制造业(10.55%),信息技术业(8.97%)和金属、非金属制造业(8.22%)。

表 5.2   样本分布   单位:个

行业	2007年	2008年	2009年	2010年	2011年	2012年	2013年	2014年	2015年	2016年	2017年	合计	占比(%)
农、林、牧、渔业	23	26	27	26	31	36	33	34	32	37	35	340	1.68
采掘业	0	27	33	38	48	54	63	69	70	67	70	539	2.67
制造业													
食品、饮料	50	54	60	58	74	79	86	84	99	105	100	849	4.21
纺织、服装、皮毛	53	53	53	48	54	64	68	61	61	65	60	640	3.17
造纸、印刷	22	25	24	30	33	39	37	39	38	39	43	369	1.83
石油、化学、塑胶、塑料	125	132	146	147	178	215	227	228	235	237	260	2 130	10.55
电子	43	55	59	67	100	119	130	130	138	156	30	1 027	5.09
金属、非金属	105	111	118	114	139	173	174	178	175	187	186	1 660	8.22
机械、设备、仪表	176	195	209	233	301	392	471	475	506	551	580	4 089	20.26
医药、生物制品	88	88	85	92	116	126	127	132	138	164	168	1 324	6.56
其他	0	0	0	0	0	24	0	0	0	0	0	24	0.12
电力、煤气及水的生产和供应业	53	55	59	59	64	67	75	82	85	95	92	786	3.89
建筑业	29	31	34	34	33	42	52	59	60	65	69	508	2.52
交通运输、仓储业	53	54	54	56	64	66	76	77	75	81	77	733	3.63
信息技术业	72	80	84	100	124	159	161	168	196	247	420	1 811	8.97
批发和零售贸易	74	75	79	82	93	112	133	121	130	133	133	1 165	5.77
房地产业	43	38	70	59	70	96	87	79	101	109	96	848	4.20
社会服务业	34	42	45	48	54	67	67	68	77	106	119	727	3.60
传播与文化产业	0	0	0	0	24	29	34	37	36	47	42	249	1.23
综合类	68	61	60	50	41	42	0	22	0	23	0	367	1.82
合计	1 111	1 202	1 299	1 341	1 641	2 001	2 101	2 143	2 252	2 514	2 580	20 185	100.00

二、计算过程

决策权集中度指标的计算步骤包括计算三类现金流集中度、主成分分析以及回归取残差三步。表5.3报告了主成分分析过程的特征值和特征向量。由 A 部分可见,第一主成分 C 能够覆盖77.5%的信息,且只有第一主成分的特征值大于1,说明 C 能够刻画三个现金流集中度的共同变化情况。由此,C 的计算方式如式(5-1)所示。员工薪酬集中度的载荷最大,可见人事权相对于其他权力更具基础性。"真正的权力,我们日日夜夜为之奋战的权力,不是控制事物的权力,而是控制人的权力。"[①]

表 5.3   主成分分析

A:可解释的总方差			
主成分	特征值	可解释方差	累积方差贡献率
C	2.325	0.7749	0.7749
2	0.498	0.1661	0.9409
3	0.177	0.0591	1

B:主成分载荷矩阵			
变量	C	2	3
员工薪酬集中度	0.611	−0.258	−0.748
毛利集中度	0.590	−0.481	0.648
投资集中度	0.528	0.838	0.141

$$C = 0.611 \times 员工薪酬集中度 + 0.590 \times 毛利集中度 + 0.528 \times 投资集中度$$
(5-1)

然后,本书按年度-行业分组进行了回归。表5.4报告了以 C 为因变量,以总资产集中度($PAsset$)为自变量的混合回归(Pooled Regression)结果。$PAsset$ 系数显著为正,说明当母公司相对规模大时,现金流集中。分组回归残差即决策权集中度指标(Cen)。

---

① 乔治·奥威尔.1984[M].董东山,译.上海:上海译文出版社,2009.

表 5.4　　　　　　　　以 C 为因变量的混合回归结果

变量	PAsset	Constant	Observations	Adjusted R^2
C	4.501 5*** (105.222)	−2.640 9*** (−95.231)	20 185	0.622

注：OLS 回归。

第二节　替代性指标和基本性质

要构建新的度量指标，就有必要提供支持其经济含义的直接证据。根据前文的分析，本章主要从与其他指标的比较、基本性质、影响因素和直接后果几个角度提供证据。本节比较了现金流集中度指标与其他决策权配置指标，检验了现金流集中度指标的持续性。

一、与其他指标比较

表 5.5 报告了基于现金流集中度的决策权集中度指标与现有的基于档案数据的指标的相关系数。现有指标的计算方式见本书第四章第一节。由表 5.5 可见，相关系数均显著异于 0，符号符合预期。

表 5.5　　　　现金流集中度指标与其他决策权配置指标的关系

指　　标	出　　处	相关系数
(1) 母公司和子公司兼职的高管比例	陈志军和郑丽(2016)	0.055***
(2) 有母公司高管兼职的子公司比例	改自陈志军和郑丽(2016)	0.114***
(3) 异常的职工薪酬集中度，见式(4-1)	潘怡麟等(2018)	0.815***
(4) 营业收入集中度	王斌和张伟华(2014)	0.330***
(5) 基于营业收入、营运费用和营运资产集中度计算的分权指数，见式(4-2)	Liu et al.(2018)	−0.083***

表 4.1 列出的基于档案数据的决策权配置指标中,只有高管在子公司中的兼职情况指标(陈志军和郑丽,2016)没有采用母公司报表数据,在构造方式上与现金流集中度指标有明显差异。与这一指标不同,现金流集中度指标不局限于人员委派。另外,在表 5.2 所示的 20 185 个公司-年度观测中,有 62.51%的观测没有高管在子公司中任职,所以高管兼职指标区分度不足,以之作为主要解释变量将限制实证检验的解释力。表 5.5 第(3)至(5)行的指标都以母公司财务数据为基础,与现金流集中度指标的假设相似。现金流集中度指标吸收了这些指标的长处。

二、决策权配置的持续性

根据本书第三章的分析,由于契约的变更需要成本,因此决策权配置具有路径依赖性。为了检验现金流集中度指标是否有此性质,本书估计了以 Cen 为因变量,以滞后一期的 Cen 为自变量的回归模型。如表 5.6 所示,滞后项的回归系数高达 0.698 7($t=81.905$,$p<0.001$),说明现金流集中度指标具备决策权配置的基本性质。

表 5.6　　　　　　　　　决策权配置的持续性

变量	Cen_{t-1}	Constant	Observations	Adjusted R^2
Cen_t	**0.698 7***** **(81.905)**	−0.016 0*** (−2.988)	16 286	0.474

注:OLS 回归。

第三节　影　响　因　素

本节检验了决策权配置的截面影响因素,包括企业经营环境和生产活动特征,并且检验了决策权配置在高管变更前后的变化。

一、截面影响因素

(一) 研究设计

"最优决策权配置"是由企业生产活动的需求决定的,实际决策权配置趋向该最优点,所以检验企业经营环境和生产活动特征与决策权集中度指标的关系能够为指标提供支持。本书第三章认为,在权力距离远的文化中,企业的决策权一般比较集中。为了检验现金流集中度指标是否反映此性质,本书以一个有趣的指标度量企业所在地文化的权力距离,即企业所在地一定距离内明清地方官学的数量。

为了阐述明清地方官学分布与地方文化之间的关系,此处将简要描述官学的产生和发展过程,详细介绍请参见孙培青(2000)。地方官学创始于公元前141年,当时蜀郡太守文翁深感蜀地文化落后、"有蛮夷之风",便在当地设立学宫,教授儒家思想。汉武帝对此事极为赞赏,下令各郡依仿蜀郡设立学校。两汉的地方官学主要有两个办学目的:一是培养本郡官吏,并向朝廷推荐人才;二是向社会推行道德教化。千年中,官学几经兴废,到宋朝时已发展为中央和地方完备的教育体系。

明清两代政府进一步巩固了官学体系的建设,清朝官学制度基本上沿袭明朝旧制。官学包括国子监、地方官学、社学和宗学等。在明清两代,科举是主要的选士制度,而"科举必由学校",官学系统与科举制度相结合为政府服务。明清统治者采取各种手段加强了官学的思想控制作用。明太祖朱元璋曾令学者讲授"一宗朱子之学",并下令将孟子逐出孔庙,罢其享配,将《孟子》中"民为贵,社稷次之,君为轻""君有大过则谏,反复之而不听,则易位"等85处碍于集权统治的思想全部删除;顺治九年(1652年)颁布的《训士卧碑文》剥夺了官学学生结社和出版的权利,要求他们成为"忠臣清官"。帝制消亡百年后,绝大多数官学被废弃和破坏,极少数官学被改造为博物馆或旅游景点。

官学密集则地方文化的权力距离远,主要有两个原因:一方面,正如Hofstede(2001)所言,官学中讲授的儒学经典强调对权威的遵从,认为社会的和谐稳定建立在人际不平等关系上。在孔子所在的年代,封建制已经瓦解,中国社会处于分崩离析中,因此孔子主张恢复原有的不平等的社会秩序。比如,孔子指责晋国赵鞅铸刑鼎损害了贵族权威,说道"贵贱不愆,所谓度也。文公是以作执秩之官,为被庐之法,以为盟主。今弃是度也,而为刑鼎,民在鼎矣,何以尊贵?贵何业之守?贵贱无序,何以为国?"(《左传·昭公·昭公二十九年》)后世大儒继承并发展了这种权威思想,比如董仲舒认为君臣、父子、夫妻存在天定的永恒不变的主从关系。自汉武帝以来,中国历代君主始终以儒家的权威思想为自身统治的合法性背书,实际上采用"儒法互济""霸王道杂之"的政策方针。儒家思想中确实包含约束权威的内容,比如孟子的"民贵君轻""仁政"思想,但是君主利用儒家思想教化民众时倾向于弱化、忽视甚至扭曲此类内容,朱元璋删改《孟子》就是一例。所以,教授儒学经典的官学在当时有宣扬集权思想的作用。另一方面,官学自创立之初就与中央集权政府密不可分。进入官学、通过考试一直是平民出仕最便捷的途径,因而官学实质上是政府官员的孵化器。官学吸引了有志于进入庞大管理机构的人,这些人或是天生顺从,或是愿意遵守"游戏规则"以换取利益,而官学教育和科举制度进一步加强了这些人崇尚权威的特征。所以,官学所在地会形成权力距离远的地方文化。

虽然官学已不复存在,但其对文化的影响并未消失。有学者在明清官学分布的基础上构造指标,研究了儒家文化对企业财务和会计行为的影响。其中,最早的研究是古志辉(2015),他以企业所在地一定距离内的官学和书院数度量儒家文化,发现儒家文化可以降低代理成本;程博等(2016)发现儒家文化能够提升内部控制质量;金智等(2017)发现企业受儒家文化的影响越大,风险承担水平越低;徐细雄和李万利(2019)发现儒家文化对企业创新有促进作用;徐细雄等(2020)发现儒家文化能够降低股价崩盘风险。本书采用的官学分布指标与这些文献相似。

选择明清两代官学而非其他朝代是因为明清的官学体系完备,其中清朝官学制度基本袭自明朝。更重要的是,明清地方志保存情况较好。在明清地方官学中,社学数目太多,根据地方志的记录很难确认其位置,所以本书主要搜集府学、州学和县学的信息,信息来源为《四库全书》史部地理类书籍。权力距离指标的计算过程如下:

第一，依托目前国内最大的古籍资源免费网站——国学大师（guoxuedashi.com），于《四库全书》史部地理类成书时间在明清两代的书籍中搜索关键字"府学""州学""县学"，利用爬虫技术获取搜索结果，即包含关键字的语句。

第二，根据含关键字的语句，人工确认官学名称与官学所在地，尽量精确到县级单位，以县级单位的经纬度作为官学经纬度。

第三，计算距离上市公司所在地 200 千米内官学数，即 $Confu$，单位为"百所"。

采用以上方法，本书确认了 1 908 所官学的大致位置，其中府学 214 所、州学 326 所、县学 1 368 所。京津冀地区作为"天子脚下"京畿之地，官学分布最为密集；而黑龙江、吉林、辽宁、内蒙古、新疆、青海、西藏和四川西部在明清时为少数民族聚居地，鲜有官学分布。

本书预期 $Confu$ 越大，Cen 越大。除了地方文化的权力距离，决策权配置影响因素回归模型的自变量还包括公司基本特征变量和公司治理机制变量，如经营风险（$Risk$）、境外经营（$Overseas$）和行业多元化（$IndDiv$）等。这些变量对决策权配置的影响复杂，比如实施行业多元化战略的企业既有可能分散决策权以促进信息运用，也有可能集中决策权以建设内部资本市场，因此本书不对这些变量与 Cen 的关系提出先验预期。

（二）回归结果

决策权配置的截面影响因素回归结果如表 5.7 所示，因变量为 Cen。$Confu$ 的回归系数为 0.115 4（$t=3.185$，$p=0.001$），说明公司所在地文化的权力距离越远，决策权越集中，与预期一致。权力距离每提升一个标准差，决策权集中度就提升 3.78%（$=Confu$ 系数×$Confu$ 标准差/Cen 第一个与第三个四分位点之差$=0.115\ 4×0.364\ 3/1.112\ 2$）。

其他变量的回归结果显示，规模小、盈利水平高、成长性弱、经营风险大、财务杠杆高且成立时间短的公司，决策权比较集中。设有海外子公司或行业多元化的公司，决策权比较分散，可能是因为这些公司倾向于分权以利用位于较低层级的专有知识。治理机制的回归结果说明，董事会规模越大，第一大股东持股比例越大,决策权越集中。

表 5.7　　　　　　　　　决策权配置的截面影响因素

影响因素	Cen 回归系数	t 统计量
$Confu$（地方文化权力距离）	0.115 4***	(3.185)
$Size$（资产规模）	−0.096 8***	(−5.953)
ROA（盈利水平）	0.841 4***	(3.940)
MB（成长性）	−0.011 8***	(−3.037)
$Risk$（经营风险）	0.441 6***	(2.853)
Lev（财务杠杆）	0.186 5**	(2.170)
SOE（产权性质）	0.024 9	(0.792)
Age（年龄）	−0.205 5***	(−6.637)
$Mono$（市场竞争）	−0.109 6	(−0.408)
$Overseas$（境外经营）	−0.133 7***	(−4.653)
$IndDiv$（行业多元化）	−0.092 5***	(−5.359)
$Board$（董事会规模）	0.182 7**	(2.387)
$Indepen$（独立董事）	0.146 0	(0.609)
$Dual$（两职合一）	−0.001 9	(−0.072)
$FirstShr$（大股东持股）	0.305 0***	(3.389)
$MngHld$（高管持股）	0.016 1	(0.548)
$Constant$	1.770 1***	(4.798)
固定效应	控制	
$Observations$	20 092	
$Adjusted\ R^2$	0.037	

注：OLS 回归。

表 5.7 的结果体现了决策权配置对企业经营环境和生产活动特征的适应性,为指标的经济含义提供了证据。

二、高管变更与决策权配置

(一) 研究设计

除了经营环境和生产活动特征,决策权配置还有哪些决定因素? 根据本书第三章的分析,虽然高管只是股东的代理人,但是高管的动机与能力决定了决策权配置的经济后果。因此,高管变更对高管团队的能力有重大影响。继任高管与离任高管相比有信息劣势,为了降低信息成本,他们不得不下放权力,所以高管变更前后会出现决策权配置的变化。

为了支持这一分析,本书以 2009 年至 2015 年发生 CEO 变更的 580 个公司-年度为研究对象,以 2 900 个(580×5)公司-年度观测为样本检验决策权配置的变化。这些企业在 CEO 变更年前两年与后两年均未发生 CEO 变更。

(二)回归结果

图 5.1 描绘了 CEO 变更前后 Cen 的变化情况。可见 CEO 变更前一年和变更当年与变更前两年相比,决策权有所分散;CEO 变更后一年决策权明显分散,变更后两年决策权集中度回升。这一现象基本符合前文的预期。

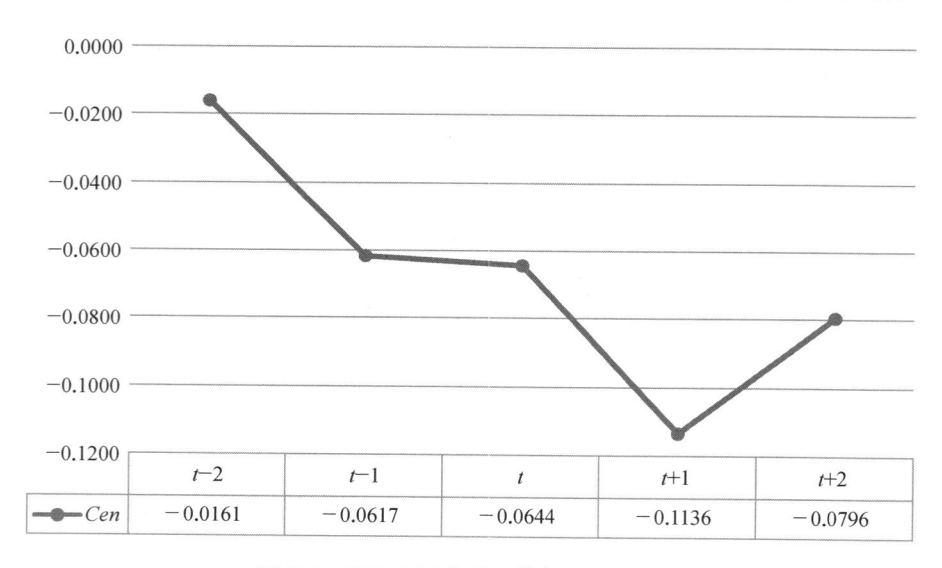

	$t-2$	$t-1$	t	$t+1$	$t+2$
Cen	−0.0161	−0.0617	−0.0644	−0.1136	−0.0796

图 5.1　CEO 变更前后决策权配置的变化

表 5.8 报告了以 Cen 为因变量,以表示年份的虚拟变量为自变量的回归结果。$t-2$、$t-1$、$t+1$ 和 $t+2$ 分别表示 CEO 变更前两年、前一年、后一年和后两年。由第(1)列可见,$t-2$ 的回归系数显著为正,$t+1$ 的回归系数显著为负,$t-1$ 和 $t+2$ 的回归系数不显著,说明在 CEO 变更前后,决策权集中度先降后升,与图 5.1 描绘的现象一致,符合预期。

表 5.8　　　　　　　　　　CEO 变更与决策权配置

变量	*Cen*		
	(1) 全样本	(2) 外部继任	(3) 内部继任
$t-2$	0.082 7* (1.843)	0.164 3*** (2.698)	−0.086 8 (−1.205)
$t-1$	0.024 8 (0.717)	0.036 9 (0.811)	−0.031 7 (−0.581)
$t+1$	−0.066 8** (−1.986)	−0.115 9*** (−2.681)	0.001 0 (0.019)
$t+2$	−0.026 3 (−0.540)	−0.117 0* (−1.963)	0.102 7 (1.326)
控制变量 *Observations* *Adjusted* R^2	控制 2 900 0.048	控制 1 585 0.084	控制 1 315 0.064

注：OLS 回归,控制变量设置与表 5.7 相同。

进一步地,如果按继任 CEO 来源将样本分为外部继任与内部继任两组,分别进行回归,结果就如第(2)列和第(3)列所示。决策权配置的变化仅出现在外部继任组中,可能是因为与来自内部的 CEO 相比,外部继任 CEO 有更明显的信息劣势,也可能是因为内部继任过程中权力交接更平稳。

第四节　直接后果

本节检验了决策权配置的两个直接后果,即母公司和子公司经营同步性与内部控制质量。其中,关于母公司和子公司经营同步性的检验意在验证现金流集中度指标的第一个假设,即母公司和子公司之间现金流的分布能反映母公司和子公司之间决策权的分布。

一、母公司和子公司经营同步性

当母公司与子公司之间决策权集中时,位于母公司的高管需要负责子公司的决策,此时母公司和子公司业绩均由高管决定,应当具有同步性。如果高管能力出众、决策英明,母公司和子公司就可能同涨;高管一着不慎,母公司和子公司则可能同跌。当然,集权高管可能为母公司和子公司做出相反的决策以对冲风险,在这种情况下,决策权集中度将不影响甚至降低母公司和子公司经营的同步性。

利用母公司报表和合并报表数据,本书计算了两个母公司和子公司经营同步性指标。$Comove1$ 表示本年和未来一年共 8 个季度,母公司和所有子公司销售商品、提供劳务收到的现金的相关系数,其中子公司现金流以合并报表与母公司报表对应项目之差表示;相似地,$Comove2$ 是母公司和所有子公司经营活动产生的现金流量净额的相关系数。$Comove1$ 和 $Comove2$ 越大,表示母公司和子公司经营同步性越强。

表 5.9 报告了以 $Comove1$ 和 $Comove2$ 为因变量,以 Cen 为主要自变量的回归结果。Cen 的回归系数分别为 $0.2067(t=3.687, p<0.001)$ 和 $0.6886(t=11.027, p<0.001)$,意味着决策权越集中,母公司和子公司的销售收入及经营现金流越同步,与预期一致。决策权集中度每提升一个标准差,母公司和子公司销售收入同步性就提升 2.23%(=Cen 系数×Cen 标准差/$Comove1$ 第一个与第三个四分位之差=$0.2067×0.8662/8.0259$),经营现金流同步性提升 7.20%(=Cen 系数×Cen 标准差/$Comove2$ 第一个与第三个四分位之差=$0.6886×0.8693/8.3110$)。控制变量的回归结果显示,盈利水平高、成长性强、财务杠杆低、成立时间短、由国有部门控制或处于垄断行业的企业集团中,母公司和子公司经营同步性强。

表 5.9 决策权配置与母公司和子公司经营同步性

变 量	(1) $Comove1$ 回归系数	t 统计量	(2) $Comove2$ 回归系数	t 统计量
Cen	0.2067***	(3.687)	0.6886***	(11.027)
Size	−0.0084	(−0.112)	−0.0637	(−0.849)
ROA	6.3029***	(5.877)	2.2493**	(2.117)
MB	−0.0024	(−0.143)	0.0327*	(1.946)
Risk	1.1852	(1.440)	−1.0394	(−1.281)

续　表

变　量	(1) $Comove1$ 回归系数	(1) $Comove1$ t 统计量	(2) $Comove2$ 回归系数	(2) $Comove2$ t 统计量
Lev	−0.778 0**	(−2.099)	−0.971 2**	(−2.565)
SOE	0.560 2***	(3.932)	1.302 2***	(8.520)
Age	−0.470 0***	(−3.236)	−0.312 6**	(−1.968)
$Mono$	3.114 4**	(2.009)	4.989 2***	(3.241)
$Overseas$	−0.132 2	(−0.988)	−0.127 2	(−0.896)
$IndDiv$	0.010 2	(0.125)	−0.086 1	(−0.989)
$Board$	0.393 7	(1.110)	0.798 0**	(2.190)
$Indepen$	1.671 1	(1.431)	−0.621 0	(−0.509)
$Dual$	−0.092 8	(−0.738)	−0.138 7	(−1.002)
$FirstShr$	−0.192 3	(−0.458)	0.677 5	(1.551)
$MngHld$	0.233 2*	(1.778)	0.126 2	(0.952)
$Constant$	0.737 0	(0.398)	−2.183 7	(−1.145)
固定效应	控制		控制	
$Observations$	18 775		20 074	
$Adjusted\ R^2$	0.035		0.071	

注：OLS 回归。

二、内部控制质量

（一）理论分析

根据《企业内部控制基本规范》（财会〔2008〕7 号）的规定，内部控制指的是"企业董事会、监事会、经理层和全体员工实施的，旨在实现控制目标的过程"；内部控制包含内部环境、风险评估、控制活动、信息与沟通以及内部监督。决策权集中的企业更加关注内部控制和监督系统的设计与实施，重视信息自下而上的传递。所以，决策权越集中，内部控制质量应越高。

（二）研究设计

国内研究一般采用两种指标度量内部控制质量：表示是否披露内部控制缺陷的虚拟变量和内部控制指数。

内部控制缺陷指标的历史很长。自萨班斯法案强制披露内部控制报告以来,美国的研究普遍以是否披露内部控制缺陷作为内部控制质量的代理变量(如 Doyle et al.,2007;Ashbaugh-Skaife et al.,2008)。2007 年沪深交易所实施《上市公司内部控制指引》后,国内学者开始采用这一指标,如李万福等(2011)、刘焱和姚海鑫(2014)。内部控制缺陷指标假设公司发现并披露的缺陷越多,内部控制质量越低。其优势在于以公司自我评价为基础,定义比较明确;劣势在于发现并诚实披露缺陷的公司不一定是控制质量差的公司。公司披露内部控制缺陷确实是因为部分控制机制中存在风险点,也是因为控制和检查工作暴露了这些风险;而公司不披露内部控制缺陷,既有可能是因为控制活动完美无缺,也有可能是因为自我评价标准宽松。

2010 年,"厦门大学内控指数课题组"根据上市公司公开资料,就内部环境、风险评估、控制活动、信息与沟通和内部监督五个方面共 144 个指标进行了评价打分,形成了"中国上市公司内部控制指数"(下称"厦大指数")。2011 年,迪博企业风险管理技术有限公司与财政部合作发布"迪博·中国上市公司内部控制指数"(下称"迪博指数")。根据中国上市公司内部控制指数研究课题组(2011)的介绍,迪博指数主要测度内部控制战略、经营、报告、合规和资产安全五大目标的实现程度,是市场占有率、风险系数、投资资本回报率和净利润率等变量经标准化后的算术平均数。此外,部分学者自制了内部控制指数,一般采用对内部控制实施效果打分的方法,比如程小可等(2013)。厦大指数的优势在于其全面性,劣势在于其高度依赖主观判断。课题组并未公布判断标准,因而该指数是"黑箱"。迪博指数和其他内部控制实施效果指数的不足在于,这些指标直接体现经济后果,除了受到内部控制的影响外,还有其他大量决定因素。

本书采用三个变量刻画内部控制质量:除了内部控制缺陷($Weakness$)和内部控制实施效果($Quality$)外,还有内部控制严格程度($Tight$)。$Weakness$ 为虚拟变量,如果公司当年披露内部控制缺陷,就取 1,否则取 0;$Quality$ 为迪博指数。

本书以内部控制缺陷认定标准作为内部控制严格程度的代理变量。应交易所要求,上市公司每年在"内部控制自我评价报告"中披露财务报告和非财务报告内部控制缺陷的认定标准。已有研究检验了这一认定标准的影响因素(如谭燕等,2016;尹率,2016;王俊和吴溪,2017)。Huang et al.(2021)认为缺陷认定标准能够体现内部控制自我评价过程的严格程度,间接反映内部控制系统的严格程度,并且能够弥补前文所述的内部控制缺陷指标的不足。

上市公司披露的财务报告和非财务报告内部控制缺陷认定标准通常相似,本书以前者作为计算基础。内部控制缺陷认定标准有定量和定性两种形式,定量标准又包含绝对额标准和比例标准。内部控制严格程度指标越大,表示内部控制越严格,计算步骤大致如下(Huang et al.,2021):

第一,利用公司年报数据,将财务报告重大缺陷比例下限折算为绝对金额,去除负值后在不同项目间取最小值。

第二,内部控制缺陷定量标准最常用的财务基准是营业收入,所以将上述最小值除以上期营业收入并取相反数。

第三,内部控制作为制度具有刚性,所以以公司首次披露的缺陷认定标准度量内部控制严格程度;如果认定标准发生变更,变更后的年份就适用变更当年的严格程度。

(三)回归结果

表 5.10 报告了关于内部控制的回归结果。2009 年,中国上市公司陆续开始披露内部控制缺陷,2012 年所有主板公司着手内部控制体系建设,所以 $Tight$ 变量覆盖 2013 年至 2017 年,而 $Weakness$ 变量覆盖 2009 年至 2017 年。Cen 的回归系数分别为 $0.753\,0\,(t=2.558, p=0.011)$、$-0.102\,5$ $(t=-5.769, p<0.001)$ 和 $0.029\,4\,(t=4.242, p<0.001)$,说明决策权越集中,内部控制制度越严格,缺陷越少,实施效果越好,符合预期。这些回归结果表明,决策权集中度每提升一个标准差,内部控制严格程度就提高 6.14%($=Cen$ 系数$\times Cen$ 标准差$/Tight$ 第一个与第三个四分位之差$=0.753\,0\times 0.881\,8/10.810\,7$),出现内部控制缺陷的概率降低 2.18%($=Cen$ 边际效应$\times Cen$ 标准差$=-0.025\,0\times 0.872\,1$),内部控制指数提升 0.38%($=Cen$ 系数$\times Cen$ 标准差$/Quality$ 均值$=0.029\,4\times 0.864\,1/6.695\,1$)。

表 5.10　　　　　　　　　　决策权配置与内部控制质量

变　　量	(1) *Tight*	(2) *Weakness*	(3) *Quality*
Cen	**0.753 0****	**−0.102 5*****	**0.029 4*****
	(2.558)	**(−5.769)**	**(4.242)**
Size	−0.869 1***	0.072 1***	0.255 1***
	(−2.939)	(3.304)	(24.275)
ROA	14.203 6***	−1.651 9***	6.147 5***
	(3.206)	(−4.994)	(41.613)
MB	−0.310 9***	0.010 0**	−0.004 0
	(−3.451)	(2.026)	(−1.538)
Risk	3.139 0	−0.706 0***	0.715 8***
	(0.963)	(−2.846)	(6.414)
Lev	9.480 8***	0.177 8	−0.169 2***
	(5.594)	(1.545)	(−3.882)
SOE	−0.934 5*	0.372 5***	0.046 0***
	(−1.686)	(8.352)	(2.925)
Age	2.047 0***	0.137 4**	−0.048 3***
	(2.803)	(2.361)	(−2.877)
Mono	2.928 7	0.943 3	0.770 1***
	(0.476)	(1.468)	(4.178)
Overseas	1.418 0***	0.052 1	0.007 9
	(2.826)	(1.270)	(0.497)
IndDiv	0.064 1	0.173 6***	0.002 2
	(0.184)	(6.451)	(0.218)
Board	−0.571 5	0.158 8	0.010 8
	(−0.348)	(1.482)	(0.266)
Indepen	−1.849 9	0.744 5**	0.236 9*
	(−0.374)	(2.105)	(1.658)
Dual	−0.161 0	−0.141 4***	0.005 9
	(−0.315)	(−3.538)	(0.415)
FirstShr	3.446 6**	0.070 9	0.079 1*
	(2.104)	(0.549)	(1.723)
MngHld	0.320 8	−0.204 3***	0.054 0***
	(0.556)	(−5.223)	(3.607)
Constant	9.399 5	−3.054 9***	0.755 0***
	(1.215)	(−5.490)	(3.062)

续　表

变　量	(1) $Tight$	(2) $Weakness$	(3) $Quality$
固定效应	控制	控制	控制
$Observations$	10 253	17 797	19 521
$Pseudo/Adjusted\ R^2$	0.022	0.182	0.355

注：第(1)列和第(3)列为 OLS 回归，第(2)列为 Probit 回归。

本 章 小 结

为了支持以现金流集中度为基础的决策权集中度指标的经济含义，本章提供了以下证据：(1)现金流集中度指标与其他决策权配置指标显著相关，相关系数符号符合预期；(2)现金流集中度指标极具稳定性；(3)企业所在地文化的权力距离和多元化战略等变量对现金流集中度指标有显著影响，且回归系数符合预期；(4)CEO 变更后，现金流集中度指标先降后升，尤其在外部继任样本中；(5)现金流集中度指标越大，母公司和子公司经营同步性越强；(6)现金流集中度指标越大，内部控制制度越严格、缺陷越少且实施效果越好。

第六章 "衰多益寡":决策权配置与现金持有

万乘之国,守岁之满虚,乘民之缓急,正其号令而御其大准,然后万乘可资也。

——《管子·国蓄》

第一节 理论分析与研究假说

一、研究问题

现金是企业的重要资源,是企业的"血液"。本章试图从现金持有的角度研究决策权配置对企业内部资源分配的影响。现有研究关于多部门企业现金持有的发现并不一致:有的研究认为由于内部资本市场的存在,多部门企业持有的现金少于单体企业;有的研究认为部门经理的自利行为导致多部门企业持有的现金多于单体企业。企业内部的决策权配置是影响内部资本市场运行效率和部门经理自利行为的关键因素,现有文献尚未涉及。

当决策权集中时,高管可以抑制部门经理过度持有现金的自利行为,同时可以促成多部门共享现金资源,减少现金持有需求,提高持有现金的价值。此外，在持有现金有成本的情况下，集中决策权导致的信息成本不利于现金的有效使用，也有可能减少现金持有，但不会提高持有现金的价值。经验证据显示，决策权越集中，现金持有越少，持有现金的市场价值越高，说明集中决策权主要通过抑制部门经理自利行为和促成多部门合作来提高现金持有的效率。

本章揭示了决策权配置对内部资源分配效率的影响，指出了现金持有的又一决定因素，填补了有关文献的空白。

二、现金持有文献回顾

现有文献认为，现金持有有可能是企业权衡持有收益和成本后做出的有效决策，同时受到企业内部代理问题的影响。

（一）有效观

持有现金能够帮助企业开展投资，在市场竞争中占优并应对风险，对于融资受到约束的企业价值较大。

企业的投资机会越大，与竞争对手共享的投资机会越多，持有的现金越多，持有现金越有价值（Haushalter et al.，2007；Bates et al.，2018；Cunha & Pollet，2020）。在中国的研究中，杨兴全等（2016）发现成长性行业的企业通过高额持有现金满足投资资金需求，汪琼等（2020）利用高铁开通的外生冲击发现了投资机会与现金持有之间因果关系的证据。与其他投资相比，通过外部融资支持创新投资更加困难，所以持有现金对创新投资的作用最为明显。Mikkelson & Partch（2003）发现现金持有多的企业投资多，尤其是创新投资；Qiu & Wan（2015）发现企业增加现金持有以期从技术溢出中获益；Pinkowitz et al.（2015）认为美国企业现金持有多完全是因为美国企业创新密集。

现金充裕的企业有能力实施竞争战略，比如采取激进的定价策略、建立高效的物流系统、针对竞争对手开展营销以及雇用高效益员工，从而在竞争中保持优势。Frésard（2010）以资产有形性作为现金的工具变量，以行业层面关税变化作为关于现金的外生冲击，验证了现金的竞争效应。刘端和薛静芸(2015)发现企业现金持有越充足,其产品价格相对于成本下降的可能性越大,下降幅度越大,即价格竞争行为越多。

持有现金有助于应对各类风险和不确定性,包括现金流波动性(Bates et al.,2009;Song & Lee,2012)、供应链风险(Kulchania & Thomas,2017;底璐璐等,2020)、税负不确定性(Hanlon et al.,2017)和人力资本风险(Ghaly et al.,2017)等。国内文献特别关注政治风险,发现经济政策不确定(李凤羽和史永东,2016)、地方官员变更(姜彭等,2015)和党代会召开(余靖雯等,2019)带来的不确定性增加了企业持有的现金。

融资不受约束的企业的内外部资金没有差异,所以内部持有现金对于融资受约束的企业更有价值。Denis & Sibilkov(2009)认为,现金主要满足的是融资受约束企业的投资需求;Harford et al.(2014)认为,持有现金能够缓解再融资风险。关于融资渠道的研究表明,经济衰退(江龙和刘笑松,2011)、货币政策从紧(祝继高和陆正飞,2009)时,在政府质量低的地区(陈德球等,2011),没有银行股权关联(陈栋和陈运森,2012)的企业融资约束大,持有现金多且现金价值高。

另外,税负影响现金持有。将境外利润转移回国的税负越高,企业在国外持有的现金越多(Foley et al.,2007);预期到转移利润的税负降低,企业将加速境外现金积累(Simone et al.,2018)。

(二)代理观

持有现金有时有损于企业价值。Harford(1999)发现持有现金多的企业进行了更多损害价值的并购,并购后经营业绩通常恶化。杨兴全和张照南(2008)发现中国企业持有现金的价值小于其账面价值。

代理问题损害了企业现金持有决策的效率。针对高管的研究发现,CEO风险承担动机(Liu & Mauer,2011)和管理层权力(杨兴全等,2014)与现金持有正相关,与现金价值负相关。针对股东的研究发现,国家持股与现金持有正相关,与现金价值负相关(Chen et al.,2018a);当终极控股股东为国有股东时,"两权"分离程度与现金持有正相关,与现金价值负相关(沈艺峰等,2008),验证了国有股东与非国有股东之间的代理问题对现金价值的负面影响。

治理机制能够缓解关于现金持有的代理问题。总体上,内部治理机制越好,超额现金持有越少,现金价值越高(辛宇和徐莉萍,2006;Dittmar & Mahrt-Smith,2007;韩立岩和刘博研,2011;杨兴全等,2015)。具体而言,高质量内部控制(张会丽和吴有红,2014)和高管股权激励计划(刘井建等,2017)能减少超额现金持有,提高现金价值;股权分置改革(Chen et al.,2012b;姜英兵和于彬彬,2013)和混合所有制改革(杨兴全和尹兴强,2018)也对现金持有决策的效率有积极意义。

大量关于外部治理机制的研究表明,国家或地区的制度环境尤其是对投资者的保护与现金价值正相关(Dittmar et al.,2003;Pinkowitz et al.,2006;Kalcheva & Lins,2007;周伟和谢诗蕾,2007;罗琦和秦国楼,2009;杨兴全等,2010)。Frésard & Salva(2010)发现,在美国交叉上市提高了超额现金持有的价值,体现了外部监管的作用。另外,罗进辉等(2018)证明了媒体报道对超额现金持有的抑制作用。

(三)多部门企业的现金持有

多部门企业与单体企业的现金持有决策存在差异。一方面,多部门企业可以通过内部资本市场实现"多钱效应"(More Money Effect),即由多部门分担风险并相互担保,在部门间调配资金,从而减少现金持有需求,提高现金价值。另一方面,部门经理的自利行为可能降低现金价值。

关于多部门企业的现金持有情况,现有文献的发现并不一致:多数研究发现多部门企业持有的现金少于单体企业(Duchin,2010),多元化程度与现金持有负相关(王福胜和宋海旭,2012;Bakke & Gu,2017;马忠等,2018);袁淳等(2010)发现多元化程度对现金持有价值的影响不显著;纳鹏杰和纳超洪(2012)、刘星等(2014)发现集团成员企业的现金持有高于独立企业,并归咎于成员企业的代理问题;张会丽和陆正飞(2012a)发现子公司持有现金的比例越高,企业整体的过度投资越严重。

企业内部的决策权配置是影响内部资本市场运行和部门经理自利行为的关键因素,这些文献尚未涉及,本书将在此补充。

三、理论分析

本章讨论的决策权主要是指决定现金使用方式的权力。根据第三章提出的理论观点，本书认为决策权配置对现金持有存在多重影响。

首先，集中决策权可以抑制部门经理过度持有现金的自利行为。与高管相似，部门经理有动机增加现金持有以"建造帝国"，获得在职消费和其他私有收益。当决策权集中时，部门经理没有机会采取这种行为，现金持有相对较少，持有现金的价值较高。

其次，当决策权集中时，高管可以促成多部门共享现金。当决策权分散时，部门经理之间的交易成本很高，他们无法在部门间调配现金并将其用于净现值最高的投资项目，各部门不得不分别留存现金以应对不时之需。而当决策权集中时，高管作为权威可以协调多部门，通过内部资本市场实现现金使用效率的最大化。由此，集中决策权将减少现金持有，提高现金价值。

最后，与高管相比，部门经理更了解经营活动的现金需求，所以集中决策权导致的信息成本不利于现金的使用，决策权分散时则不存在信息成本问题。由于现金不产生投资回报，持有现金需要成本，因此从信息成本角度出发，本书预期决策权越集中，企业持有的现金越少。

以上从自利行为、合作和信息视角的分析均预期企业内部决策权越集中，现金持有越少，因此，提出假说1如下：

假说1：企业内部决策权越集中，现金持有越少。

第二节 经验证据

一、现金持有回归结果

（一）主要回归结果

本书以企业持有的货币资金、交易性金融资产和短期投资之和度量现金持有（$Cash$）。表6.1报告了关于现金持有的回归结果。决策权集中度的

回归系数为 -0.0059 ($t=-3.368$, $p=0.001$),说明决策权越集中,现金持有越少,验证了假说 1。决策权集中度每提升一个标准差,现金持有就减少 2.80%(= Cen 系数 × Cen 标准差/Cash 均值 = $-0.0059 \times 0.8697 / 0.1832$)。控制变量的回归结果显示,境外经营公司持有的现金较多而多元化公司持有的现金较少,与文献发现一致。

表 6.1 决策权配置与现金持有

变 量	Cash 回归系数	t 统计量
Cen	-0.0059***	(-3.368)
Size	0.0012	(0.549)
ROA	0.2954***	(9.947)
MB	0.0033***	(6.524)
Risk	0.0255	(1.218)
Lev	-0.2060***	(-18.051)
SOE	0.0055	(1.397)
Age	-0.0178***	(-4.129)
Mono	0.2604***	(6.387)
Overseas	0.0092**	(2.487)
IndDiv	-0.0082***	(-3.846)
Board	0.0133	(1.467)
Indepen	0.0139	(0.457)
Dual	0.0078**	(2.265)
FirstShr	0.0211*	(1.799)
MngHld	-0.0021	(-0.573)
Constant	0.1504***	(3.046)
固定效应	控制	
Observations	20 092	
Adjusted R²	0.262	

注:OLS 回归。

(二)稳健性检验

如果仅以企业持有的货币资金度量现金持有,重复检验,则回归结论不变。

如果采用异常的职工薪酬集中度(潘怡麟等,2018)度量决策权配置,重复检验,则回归结论不变。

二、进一步研究:持有现金的市场价值

进一步地,决策权配置如何影响持有现金的市场价值? 如果集中决策权主要通过抑制部门经理的自利行为或者促成多部门合作减少现金持有,那么决策权越集中,现金价值越大;如果集中决策权主要因增加信息成本而减少现金持有,那么集中决策权无法提升现金价值。

为了检验这个结论,本书参考 Faulkender & Wang(2006)、Pinkowitz et al.(2006)、杨兴全和张照南(2008)以及罗琦和秦国楼(2009),建立模型如式(6-1)所示。因变量为公司价值($TQ_{i,t}$),即权益市场价值与负债账面价值之和。此处主要关注交乘项 $Cen_{i,t} \times Cash_{i,t}$ 的回归系数。如果回归系数为正,就说明集中决策权提升现金价值,反之则说明集中决策权降低现金价值。

$$\begin{aligned}TQ_{i,t} =\ & \beta_0 + \beta_1 \times Cash_{i,t} + \beta_2 \times Cen_{i,t} + \beta_3 \times Cen_{i,t} \times Cash_{i,t} + \beta_4 \times Earn_{i,t} \\& + \beta_5 \times \Delta Earn_{i,t} + \beta_6 \times \Delta Earn_{i,t+1} + \beta_7 \times \Delta NA_{i,t} + \beta_8 \times \Delta NA_{i,t+1} \\& + \beta_9 \times IntExp_{i,t} + \beta_{10} \times \Delta IntExp_{i,t} + \beta_{11} \times \Delta IntExp_{i,t+1} + \beta_{12} \times CapEx_{i,t} \\& + \beta_{13} \times \Delta CapEx_{i,t} + \beta_{14} \times \Delta CapEx_{i,t+1} + \beta_{15} \times Div_{i,t} \\& + \beta_{16} \times \Delta Div_{i,t} + \beta_{17} \times \Delta Div_{i,t+1} + \beta_{18} \times \Delta TQ_{i,t+1} + \varepsilon_{i,t}\end{aligned} \quad (6-1)$$

控制变量的分母为期末总资产,控制变量的分子包括:

(1) 盈利能力:当前经营活动净现金流量净额及其实际增长和预期增长($Earn_{i,t}$、$\Delta Earn_{i,t}$ 和 $\Delta Earn_{i,t+1}$);

(2) 投资:非现金资产的实际增长和预期增长(ΔNA_t 和 ΔNA_{t+1}),固定资产投资及其实际增长和预期增长($CapEx_t$、$\Delta CapEx_t$ 和 $\Delta CapEx_{t+1}$);

(3) 融资政策:财务费用水平及其实际增长和预期增长($IntExp_t$、$\Delta IntExp_t$ 和 $\Delta IntExp_{t+1}$),股利支付水平及其实际增长和预期增长(Div_t、ΔDiv_t 和 ΔDiv_{t+1});

(4) 预期公司价值增长(ΔTQ_{t+1})。

表 6.2 报告了式(6-1)的回归结果。第(1)列中,$Cash$ 的回归系数显著为正,说明市场认可了现金的价值。第(2)列中,$Cash$ 的回归系数仍然为正,决策权集中度的回归系数不显著,而交乘项的回归系数为 0.355 8($t=$ 1.710,$p=0.087$),说明决策权越集中,持有现金的市场价值越大。可见,决策权配置主要通过抑制自利行为和促成合作影响现金持有。

表 6.2　　决策权配置与持有现金的市场价值

变量	TQ_t			
	(1)		(2)	
	回归系数	t 统计量	回归系数	t 统计量
$Cash_t$	0.712 8***	(3.750)	0.731 8***	(3.885)
Cen_t			−0.009 5	(−0.262)
$Cen_t \times Cash_t$			**0.355 8***	**(1.710)**
$Earn_t$	1.395 5***	(2.922)	1.303 4***	(2.735)
$\Delta Earn_t$	−0.166 5	(−0.741)	−0.139 0	(−0.619)
$\Delta Earn_{t+1}$	0.763 9***	(4.284)	0.756 6***	(4.245)
ΔNA_t	−1.028 9***	(−9.532)	−1.064 4***	(−9.830)
ΔNA_{t+1}	0.871 5***	(14.229)	0.873 6***	(14.271)
$CapEx_t$	−3.253 4***	(−9.135)	−3.279 1***	(−9.155)
$\Delta CapEx_t$	1.551 5***	(9.344)	1.575 2***	(9.434)
$\Delta CapEx_{t+1}$	−0.543 2***	(−3.390)	−0.541 9***	(−3.392)
$IntExp_t$	−16.806 1***	(−8.648)	−16.537 5***	(−8.492)
$\Delta IntExp_t$	−4.033 4*	(−1.694)	−4.324 8*	(−1.812)
$\Delta IntExp_{t+1}$	−4.326 0**	(−2.488)	−4.654 1***	(−2.678)
Div_t	−4.949 1***	(−2.986)	−4.834 6***	(−2.915)
ΔDiv_t	4.124 0***	(3.475)	4.209 1***	(3.559)
ΔDiv_{t+1}	−0.412 4	(−0.453)	−0.237 2	(−0.260)
ΔTQ_{t+1}	−0.116 8***	(−5.876)	−0.118 2***	(−5.917)
$Constant$	2.733 6***	(20.937)	2.731 9***	(21.044)
固定效应	控制		控制	
$Observations$	18 930		18 930	
$Adjusted\ R^2$	0.246		0.248	

注:OLS 回归。

表 6.1 和表 6.2 有助于排除一个替代性解释。本章的理论分析没有讨

论高管的代理人角色。如果股东与高管存在利益冲突,则集中决策权也可能通过高管的自利行为作用于现金持有。如果这一解释成立,则决策权越集中,现金持有越多,持有现金的市场价值越低。表 6.1 和表 6.2 的结果反驳了这一解释,说明本节对高管行为目标的假设是合理的。

本 章 小 结

本章从现金持有的角度检验了决策权配置的经济后果。现金是企业的"血液"。决策权集中时,高管可以抑制部门经理过度持有现金的自利行为,同时可以促成多部门共享现金资源,减少现金持有需求,提高现金价值。此外,在持有现金有成本的情况下,集中决策权导致的信息成本不利于现金的有效使用,也有可能减少现金持有。经验证据显示,决策权越集中,现金持有越少,持有现金的市场价值越高,说明集中决策权通过抑制部门经理自利行为和促成多部门合作提高了现金持有的效率。

第七章 "力出一孔":决策权配置与投资

利出于一孔者,其国无敌。

——《管子·国蓄》

第一节 概 述

一、研究问题

现金是企业的重要资源,投资活动则决定了企业未来的发展。上一章证明集中决策权能减少部门经理的自利行为并促成多部门合作,有利于提高持有现金的价值,本章将从投资的角度研究决策权配置的经济后果。

现有研究指出激励和信息问题制约企业的投资。经理人的私人信息和私人投入对投资而言必不可少,伴随投资而来的私人收益影响经理人的决策。大量文献研究了如何通过契约设计促使经理人在投资过程中运用私人信息并投入努力,同时限制经理人的私人收益。关于决策权配置的理论研究多以投资为背景建立模型。由于决策权配置度量的困难,因此现有的经验研究并未就决策权配置与投资的关系达成一致结论。

本章第二节研究了决策权配置与固定资产投资之间的关系。当决策权集中时，高管可以抑制部门经理对固定资产的过度投资，同时可以内部化部门间外部性并促进多部门合作以实现固定资产的共享。经验证据显示，决策权越集中，固定资产投资规模越大，说明集中决策权能通过内部化外部性和促成多部门合作推进固定资产投资。决策权配置与固定资产投资规模的关系在部门间地理距离远的企业中更密切，证明了促进合作的路径。进一步地，决策权越集中，企业计提固定资产减值的可能性越小，表明集中决策权提高了固定资产投资的价值。

本章第三节研究了决策权配置与创新投资之间的关系。集中决策权能促进外部性强的创新投资，推进多部门的创新合作，但是信息成本不利于创新，并且集中决策权对部门经理的创新动机有消极影响。经验证据显示，决策权越集中，创新投资规模越大，说明集中决策权内部化外部性和促进多部门合作的积极作用大于其提高信息成本和削弱部门经理创新动机的消极作用。关于调节变量的检验显示，与其他企业相比，在具备专职研发中心、部门间地理距离远、高管有技术背景、信息披露创新倾向明显、财务杠杆低和行业垄断程度高的企业中，决策权配置与创新投资规模的关系更密切，可见内部化外部性和促成多部门合作是集权促进创新的主要路径，决策权集中时高管创新的能力和意愿以及企业的创新资源格外重要。最后，决策权越集中，创新投资的项目规模、综合性、创造性和成果价值越强，表明集中决策权对探索式创新的促进作用大于其对开发式创新的促进作用。

本章从投资的角度研究了决策权配置的经济后果，为决策权配置与投资之间的关系提供了新证据，补充了投资影响因素相关文献。

二、投资文献回顾

（一）投资中的激励与信息问题

投资是指以当期资源投入换取未来收益的过程，包括固定资产投资、研发创新投资和股权投资等。投资是企业增长的主要推动者，投资中的激励和信息问题是财务管理领域最受关注的研究问题之一。

经理人的私人信息和私人投入对投资而言必不可少。Tirole（2006）的经典模型认为，相对于股东，高管拥有关于项目前景的私人信息，可以通过"尽职"提高项目成功的概率，而股东无法直接观测高管的投入。所以，大量文献研究了如何通过契约设计促使高管在决策中运用私人信息并投入努力，从而保证投资收益。相似地，部门经理也有私人信息，其私人投入也能决定投资的盈利性(Dutta & Fan, 2012)，以契约引导部门经理的私人投入和私人信息运用也是十分重要的。

伴随投资而来的私人收益影响着经理人的投资行为。股东与高管的目标通常不完全一致(Jensen & Meckling, 1976)，这种利益冲突有多种后果，其中之一是"建造帝国"现象。Jensen(1986)指出偏好建造个人帝国的高管会用所有可得的资金进行投资；Stulz(1990)等研究建立了关于"管理层控制权私人收益(Managerial Private Benefits of Control)"的正式模型，假设这一私人收益与投资规模或投资产出成正比，则高管有动机通过扩大投资规模增加私人收益。同样，部门经理能从其控制的投资项目中获得私人收益(Harris & Raviv, 1996)。契约设计的另一个重要任务就是在保证经理人激励的同时，减少其自利行为给企业带来的成本。

（二）决策权配置与投资

大多数关于决策权配置的理论研究以投资为背景建立模型。本书第二章已经介绍了这些文献的主要思想：集中决策权能够消除代理人的自利行为、协调多个代理人，但是分散决策权能够激励代理人、减少代理人报告信息时的合谋并节约信息成本。

多数经验研究检验了决策权配置与创新投资的关系，研究结论不完全一致。Argyres & Silverman(2004)采用了含 71 家企业的样本，以实验室位置作为创新决策权配置的主要度量指标，发现集中决策权能降低协调各部门的成本，集权企业创新产出对未来科技发展的影响更大，涉足的科技领域更多，对其他组织创新的引用更多。Seru(2014)以研发预算集中度为主要指标，度量了 54 家企业的创新决策权配置，却发现分散决策权提高了研发活动的创新性，其认为这是因为分权体现了高管不进行再谈判的承诺，这能够激励部门经理。有趣的是，虽然以同一问卷调查为研究基础[①]，Argyres & Silverman(2004)和Seru(2014)的结论几乎完全相反，这可能是因为问卷调查研究的样本量有限。为此，Argyres & Silverman(2004)呼吁未来研究在更大的样本和更长的时间区间内再次检验决策权配置与创新的关系。为响应这一呼吁，Arora et al.(2014)采用母公司专利占全部专利的比例度量创新决策权配置，利用大样本检验发现集权企业的创新投资更多而且每单位研发投入产生的专利更多。Kastl et al.(2008)以一家投资银行在1997年、2000年和2003年开展的问卷调查为基础度量了2 347家意大利企业的决策权配置，发现决策权越分散，创新投资越多。本书第四章已分析了以上决策权配置指标的缺陷，本章将利用中国上市企业集团的数据优势，深入研究决策权配置与投资的关系。

利用中国上市企业集团样本，潘怡麟等(2018)发现决策权越集中，企业的总投资规模越大。由于不同类别的投资差异明显，因此本书将以这一发现为基础，分别研究决策权配置对固定资产投资和创新投资的影响。

第二节 决策权配置与固定资产投资

一、理论分析

本节讨论的决策权是指购买或构建运输设备、土地房屋建筑物、机器机械设备、电子设备和办公设备等固定资产的权力。根据本书第三章提出的理论观点，本书认为决策权配置对固定资产投资有多重影响。

固定资产投资直接增加部门经理控制的有形资源。假定部门经理从投资中获得的私人收益与投资规模正相关，为了追求私人收益，部门经理会过度投资以"建造帝国"。当决策权集中时，部门经理则没有机会采取这种行为，固定资产投资规模相对较小。

为了实现协同效应，企业各部门常常共享固定资产。比如多部门可以

---

① 美国工业研究机构于1994年和2001年对成员企业的研发经理开展了两次调查。Argyres & Silverman(2004)采用了1994年的调查结果，Seru(2014)似乎采用了两次调查的结果。

共享员工福利设施。又如，制造业企业的生产部门与行政部门通常共用厂房。这种对固定资产的共享提高了交易成本。共买共用固定资产需要多部门合作。当决策权分散时，某部门经理没有理由听从其他部门经理的命令，所以他们只能通过交易协调行为，比如明确出资比例、对设备的使用进行定价，势必在磋商中耗费大量精力。当决策权集中时，高管可以用命令协调各部门，节约成本。进一步地，当多部门共享固定资产时，固定资产的产权界定很有可能不明确，比如各部门难以在事前充分商定各自占用员工福利设施的程度。那么，通过市场价格机制内部化部门间外部性就需要高昂的成本，集中决策权则可以节约这一成本。

决策权配置通过信息成本对固定资产投资产生的影响不明显。固定资产的购买与构建确实涉及专有知识，比如厂房的选址需要对工业区位的深入理解，集中决策权不利于这些信息的传递和处理。但是，固定资产投资有常规性；作为有形资产，固定资产的价值是比较容易衡量的。所以，决策权配置通过信息成本路径对固定资产投资产生的影响不大。

以上分析显示，集中决策权可以抑制部门经理的自利行为，减少过度的固定资产投资，同时有利于协调多部门并内部化外部性，促进有效的固定资产投资。由此，提出竞争性假说 2.1a 和 2.1b 如下：

假说 2.1a（自利行为）：企业内部决策权越集中，固定资产投资规模越小。

假说 2.1b（外部性和合作）：企业内部决策权越集中，固定资产投资规模越大。

二、固定资产投资回归结果

（一）主要回归结果

本书以固定资产原值本期增量作为固定资产投资规模指标（$PPEInvest$）。除了基本控制变量，回归模型还控制了固定资产密度（PPE）和部门间地理距离（$SubDis$）。固定资产密度即固定资产与总资产之比。本书以集团境内子公司间地理距离之和度量部门间地理距离，即首先根据子公司地址判断经纬度，然后计算任两家子公司之间的直线距离，如有 n 家子公司则计算 A_n^2 对子公司间的距离，直线距离之和除以子公司数即 $SubDis$，单位为"万千米"。如果集团仅有一家子公司,则 SubDis 取 0。

表 7.1 第(1)列报告了关于固定资产投资规模的主要回归结果。决策权集中度的回归系数为 0.242 4($t=4.998$,$p<0.001$),说明决策权越集中,固定资产投资规模越大,验证了假说 2.1b。决策权集中度每提升一个标准差,固定资产投资规模扩大 4.02%(= Cen 系数×Cen 标准差/PPEInvest 均值=0.242 4×0.868 9/5.237 4)。

表 7.1 决策权配置与固定资产投资规模

变量	PPEInvest (1) 回归系数	(1) t 统计量	(2) 回归系数	(2) t 统计量
Cen	**0.242 4***	**(4.998)**	0.170 1***	(2.855)
SubDis	0.098 9***	(2.926)	0.130 8***	(3.937)
SubDis×Cen			**0.086 8****	**(2.349)**
Size	0.159 8**	(2.473)	0.154 7**	(2.407)
ROA	9.571 7***	(10.495)	9.559 5***	(10.481)
MB	−0.058 3***	(−4.077)	−0.058 2***	(−4.066)
Risk	5.127 9***	(6.748)	5.088 7***	(6.698)
Lev	1.395 3***	(4.473)	1.376 2***	(4.417)
SOE	−0.902 0***	(−8.226)	−0.900 0***	(−8.213)
Age	−1.147 1***	(−7.979)	−1.153 6***	(−8.024)
Mono	−4.812 6***	(−3.829)	−4.829 0***	(−3.841)
Overseas	0.390 8***	(4.162)	0.396 7***	(4.239)
IndDiv	−0.096 8	(−1.439)	−0.098 1	(−1.459)
Board	0.011 6	(0.046)	0.005 6	(0.022)
Indepen	−0.878 1	(−0.997)	−0.863 6	(−0.981)
Dual	0.380 9***	(3.869)	0.379 9***	(3.860)
FirstShr	−0.430 5	(−1.338)	−0.419 3	(−1.304)
MngHld	0.395 3***	(3.693)	0.392 0***	(3.677)
PPE	19.064 7***	(40.397)	19.110 0***	(40.809)
Constant	−1.087 8	(−0.707)	−0.966 0	(−0.630)
固定效应	控制		控制	
Observations	20 078		20 078	
Adjusted R^2	0.293		0.293	

注:OLS 回归。

控制变量的回归结果显示：固定资产占比越大的公司，固定资产投资规模越大。部门间地理距离远的公司固定资产投资规模大，可能是因为这些公司需要投资运输设备。

（二）稳健性检验

如果以现金流量表中购建固定资产、无形资产和其他长期资产支付的现金与处置固定资产、无形资产和其他长期资产收回的现金净额之差度量固定资产投资规模，重复检验，则回归结论不变。

如果采用异常的职工薪酬集中度（潘怡麟等，2018）度量决策权配置，重复检验，则回归结论不变。

（三）调节因素

在地域多元化的企业内，各部门间的地理距离会影响决策权配置对固定资产投资规模的作用。一方面，各部门相距越远，活动的有形关联越少，外部性问题越小，那么集中决策权增加固定资产投资的作用就越弱。另一方面，各部门相距越远，自行开展合作的难度越大，集中决策权增加固定资产投资的作用越强。

为了验证这一分析，此处向原模型中加入部门间地理距离（$SubDis$）与决策权集中度（Cen）的交乘项。如表 7.1 第（2）列所示，交乘项回归系数显著为正，说明各部门相距越远，高管促进多部门合作的优势越明显，集中决策权对固定资产投资规模的作用越强。

三、进一步研究：固定资产投资的价值

集中决策权可以通过抑制部门经理的自利行为来减少过度的固定资产投资，同时有利于协调多部门的行为并内部化外部性，促进有效的固定资产投资。表 7.1 显示集中决策权增大了固定资产投资的规模。那么，决策权配置如何影响固定资产投资的价值呢？

为了研究这一问题，本书构造了固定资产减值虚拟变量 $PPEImpair1$ 和 $PPEImpair2$。其中 $PPEImpair1$ 表示本年固定资产减值准备增加，

$PPEImpair2$ 表示年末固定资产减值准备非零。减值准备由固定资产原值和销售净价与未来现金流量现值孰高者之差决定,理论上能够反映固定资产的价值。价值越高,则固定资产减值的可能性越小。当然,固定资产减值准备是会计判断的结果,主要反映经理人对固定资产价值的看法,可能受到会计稳健性的影响。所以这一模型包含操纵性应计(DA)作为控制变量。

如表 7.2 所示,Cen 的回归系数分别为 $-0.0803(z=-4.670,p<0.001)$ 和 $-0.0795(z=-3.642,p<0.001)$,表明决策权越集中,公司计提固定资产减值准备的可能性越小,证明集中决策权提高了固定资产投资的价值。在控制变量中,DA 的回归系数显著为负,说明计提固定资产减值准备的概率确与会计稳健性有关。固定资产占比大或部门间地理距离远的公司更有可能计提固定资产减值准备。

表 7.2   决策权配置与固定资产投资价值

变 量	(1) $PPEImpair1$ 回归系数	z 统计量	(2) $PPEImpair2$ 回归系数	z 统计量
Cen	**−0.080 3*****	(−4.670)	**−0.079 5*****	(−3.642)
DA	−2.117 9***	(−11.797)	−1.328 9***	(−7.451)
Size	0.236 1***	(10.482)	0.138 3***	(4.953)
ROA	−1.726 1***	(−5.395)	−1.061 7***	(−2.914)
MB	0.014 6***	(3.080)	0.013 2**	(2.218)
Risk	0.121 9	(0.511)	−0.571 5**	(−2.319)
Lev	−0.118 7	(−1.108)	0.273 9**	(2.042)
SOE	0.298 4***	(7.182)	0.590 0***	(10.574)
Age	0.114 4**	(2.243)	0.364 8***	(4.901)
Mono	0.927 1**	(2.090)	0.546 1	(1.292)
Overseas	0.093 9**	(2.441)	0.005 9	(0.124)
IndDiv	0.059 3***	(2.579)	0.168 7***	(5.723)
Board	−0.139 6	(−1.445)	0.114 8	(0.893)
Indepen	−0.087 2	(−0.255)	−0.021 5	(−0.053)
Dual	−0.095 9**	(−2.452)	−0.110 6**	(−2.483)
FirstShr	−0.378 8***	(−3.075)	−0.482 9***	(−2.992)
MngHld	−0.059 3	(−1.608)	−0.069 0	(−1.424)
PPE	0.672 2***	(5.869)	1.043 8***	(6.650)

续 表

变 量	(1) $PPEImpair1$		(2) $PPEImpair2$	
	回归系数	z 统计量	回归系数	z 统计量
$SubDis$	0.037 6***	(3.147)	0.070 2***	(4.397)
$Constant$	−6.119 9***	(−11.016)	−4.071 4***	(−6.004)
固定效应	控制		控制	
$Observations$	20 077		20 077	
$Pseudo\ R^2$	0.126		0.174	

注：Probit 回归。

这一检验有助于排除一个替代性解释。本节的理论分析没有讨论高管的代理人角色，如果股东与高管存在利益冲突，则集中决策权增大固定资产投资规模可能是因为集权高管进行了过度投资。如果这一解释成立，则决策权越集中，固定资产投资的价值越低。表 7.2 的结果反驳了这一解释，说明本节对高管行为目标的假设是合理的。

第三节　决策权配置与创新投资

一、创新投资文献回顾

（一）概述

熊彼特将"创新"定义为寻求生产要素和生产条件的新组合——建立一种新的生产函数的过程，包括引进新产品、应用新技术、开辟新市场、控制新的原材料来源以及实现企业的新组织五个方面（Schumpeter，1911）。后来的研究关注的"创新"通常狭义地指新技术和新产品的开发。

熊彼特认为创新是经济增长和发展的动力，经验研究为这一论点提供了大量证据。在微观层面，Ettlie（1998）发现研发创新能提升市场份额；Eberhart et al.（2004）发现企业的未预期研发投入能产生积极的市场反应，带来优异的经营业绩，说明创新对企业大有裨益。在金融科技（FinTech）兴起的背景下,Chen et al.(2019)关注了有关的创新活动,发现多数金融科技创新能为企业带来价值,尤其是区块链技术创新。正因为创新是企业和经济发展的根本,所以关于创新影响因素的研究具有非凡的意义。

创新可以大致分为两类(March,1991):开发(Exploitation)是指对现有技能、技术和范式的改进与拓展,探索(Exploration)则涉及对新技术的试验。两者相比,探索式创新风险更高,但潜在收益更大。文献研究了开发式创新和探索式创新占比的决定因素:Chemmanur et al.(2019)发现高管质量越高,探索式创新越多;Manso(2011)认为激励开发式和探索式创新的最优契约是完全不同的,关于开发式创新的最优契约与标准的绩效工资契约相近,而激励探索式创新的契约必须容忍早期失败、奖励长期成功;Ferreira et al.(2012)和Gao et al.(2018)研究了上市决策与创新方式之间的关系,认为开发现有知识的企业适合上市,而私有企业对失败的容忍度相对较强,适合开展探索式创新。本书将检验决策权配置对开发式创新和探索式创新的影响。

(二)创新中的信息和激励问题

与固定资产投资相比,创新投资未来收益的不确定性更强(Kothari et al.,2002),所以前文描述的信息和激励问题在创新投资中尤为突出。多数创新研究分析了股东和高管之间的代理关系如何影响创新,少数研究聚焦于部门经理和员工对创新的作用。

经理人拥有并使用的私人信息越多,投入的私人成本越多,投资效率越高,所以高管特征影响创新投资。研究表明,高管的人口统计学特征、综合能力、工作经验和社会关系对创新投资有重要影响(Barker & Mueller,2002;Faleye et al.,2014;Chemmanur et al.,2019;Custódio et al.,2019;赵子夜等,2018;姚立杰和周颖,2018)。其中,过度自信、爱好飞行或有学术经历的高管以及发明家高管能促进创新(Galasso & Simcoe,2011;Sunder et al.,2017;Islam & Zein,2019;虞义华等,2018;黄灿等,2019)。正因为高管对创新殊为重要,所以许多研究分析了如何通过薪酬契约设计来促使高管投入私人成本,从而推进创新。这些研究认为对业绩敏感的薪酬(李春涛和宋敏，2010；卢锐，2014)、粘性薪酬(徐悦等，2018)、期权(Manso，2011；Erkens，2011；Baranchuk et al.，2014；王姝勋等，2017)以及董事责任保险(胡国柳等，2019)能激励创新。

关于部门经理和员工对创新的作用的经验研究相对较少。Belenzon & Berkovitz(2010)发现附属于集团的企业创新更多，验证了内部资本市场路径，但没有发现部门间知识溢出的证据。Miller et al.(2007)认为在多元化企业内，部门间知识共享能有效促进创新，其作用优于企业间知识共享，原因是组织内信息传递易于协调、成本更低。Tsai(2001)则研究了企业内部网络，发现处于网络中心位置的部门能够利用其他部门的新知识，创新产出更多。部分研究探讨了部门经理和员工的激励问题，发现部门经理长期薪酬(Holthausen et al.，1995a)、员工持股(周冬华等，2019)、员工持有期权(Chang et al.，2015)和员工保护法(Acharya et al.，2014；倪骁然和朱玉杰，2016)对创新有正面影响。

现有文献已经检验了决策权配置对创新的影响。正如前文已指出的，经验研究的结论不完全一致，本书能够提供更为全面的新证据。

(三) 创新资源

企业既可以通过内源融资也可以通过外源融资开展创新。内源融资是指企业将经营活动产生的资金转化为投资的过程。"熊彼特假说"认为，企业规模和行业竞争程度是决定企业内源融资能力的重要因素，只有大规模垄断企业才有足够的资源支持研发(Schumpeter，1942)。但是，从动机角度出发，阿罗认为大规模垄断企业从创新中获得的租金有限，因而缺乏创新"热情"(Arrow，1962)。许多经验研究发现竞争和规模与创新之间呈倒U形关系(Aghion et al.，2005；朱恒鹏，2006；聂辉华等，2008)，证明至少对于部分企业而言，规模和竞争通过决定内源融资能力影响创新。另外，研究表明支付税负(Mukherjee et al.，2017；Atanassov & Liu，2019)和建立内部控制(Gao & Zhang，2019)等占用内源资金的活动对创新有不利影响。

外源融资包括银行贷款、发行股票和发行债券等形式。在投资者中，股东与债权人对创新投资的看法并不一致。当投资产生收益时，股东可以尽享收益,而债权人的收益不会提高;当投资失败时,债权人则需要承担所有损失。所以,对债权人而言,创新的风险大于收益(Shi,2003),债权人偏好创新少的企业(徐飞,2019),企业越依赖创新战略则财务杠杆越低(O'Brien,2003),破产法对债权人的保护能够促进创新(Acharya & Subramanian,2009;姜军等,2017)。

现有研究尚未分析企业内部决策权配置如何影响上述创新资源的使用,本书将在此方面补充有关文献。

二、理论分析

本节讨论的决策权主要是指关于创新投资的决策权。根据本书第三章提出的理论观点,本书认为决策权配置对创新投资有多重影响。

首先,相对于分散决策权,集中决策权内部化外部性的成本较低,能促进创新投资。在创新投资中,各部门间存在外部性。创新需要持续的资源投入,创新部门仰赖非创新部门的资源支持,而非创新部门不得不将资源投入不受自身控制的高风险项目。更重要的是,创新的产出是知识,而知识一般不具备竞争性和排他性。各部门可以同时从知识中获益,很难阻止其他部门使用知识。因此,各部门对创新投资产权的划分是不明确的。当决策权分散时,采用市场价格机制内部化外部性的成本很高,外部性会导致创新投资不足;而当决策权集中时,高管则能以权威命令自上而下地推动创新。

其次,当决策权集中时,高管可以促成多部门合作。当决策权分散时,部门经理之间的交易成本很高,他们无法推动大规模创新或者将资源聚焦于企业范围内的最优项目。而当决策权集中时,高管作为权威可以协调多部门,实现部门间的知识共享,并通过内部资本市场支持大规模创新或最具潜力的项目(Stein,1997)。

然而,集中决策权导致的信息成本不利于创新。对于创新而言,对市场形势和投资机会的判断与关于研发过程的科学知识都很重要。由于创新的高度不确定性,相关信息的传递和处理成本相当高昂,高管很难完全掌握和运用这些信息,向下传达决策结果时也无法预料并概括所有可能出现的情况。当决策权分散时,部门经理不需要向上汇报决策所需信息,而是自行决策,也就不存在信息成本问题。

最后,集中决策权对部门经理的创新动机有消极影响。根据 Dutta & Fan(2012)的观点,部门经理在识别和把握投资机会的过程中投入的私人成本对于创新投资是关键,这一过程形成的信息租金作为私人收益能够激励部门经理参与创新。当决策权集中时,高管拥有关于投资机会的准确信息,无法向部门经理承诺不会榨取其信息租金。既然预期到自身的努力是"竹篮打水",部门经理从一开始就不会积极创新。当决策权分散时,部门经理始终保有相对于高管的信息优势,信息租金能够提供创新的事前激励。

综上所述,当决策权集中时,高管能够以权威内部化部门间外部性,促成多部门合作,但是信息成本阻碍创新,而且部门经理的创新动机受到不利影响。由此,提出竞争性假说 2.2a 和 2.2b 如下:

假说 2.2a(外部性和合作):企业内部决策权越集中,创新投资规模越大。

假说 2.2b(信息和激励):企业内部决策权越集中,创新投资规模越小。

三、研究设计

创新研究一般采用研发投入或专利指标度量创新投资规模,两类指标的优劣势如表 7.3 所示。

表 7.3　　　　　　　　两类创新投资规模指标的相对优劣

项 目	研发投入指标	专 利 指 标
可比性	以货币为计量单位,可比性强	可比性弱,不同专利价值差异大
与创新决策的关系	直接受创新决策影响	不完全由创新决策决定: • 专利并非保护知识产权的唯一机制 • 专利申请受创新是否成功的影响,专利授权受审查过程的影响
数据可得性	• 容易受经理人操纵 • 属于自愿披露信息,可能缺失	数据来自独立第三方

研发投入指标以企业披露的研发投入金额(包括研发费用和资本化的研发投入)为基础。这类指标的主要优势是以货币为计量单位,不同企业的

研发投入可以比较。同时,研发投入直接受到创新决策的影响,扩大创新规模基本上等同于增加研发投入。然而,经理人的操纵和策略性披露会增加研发投入指标的度量噪音。特定开支是否属于研发投入是由经理人判断决定的,因而研发投入有操纵空间;2007年实施的会计准则允许有条件地资本化研发投入,因此针对研发投入的正向操纵能够虚增利润和资产;在国有企业高管考核中,资本化和费用化的研发投入都被视作投资,所以国有企业经理人格外有动机操纵研发投入。在2018年以前,上市公司只需在报表附注中披露研发费用,并在未经审计的年报管理层讨论与分析部分披露总研发投入,所以公司有可能隐瞒研发投入。所幸,证监会发布的《公开发行证券的公司信息披露内容与格式准则第2号——年度报告的内容与格式》(中国证券监督管理委员会公告〔2016〕31号)对管理层讨论与分析中研发投入的披露提出了明确要求,能够缓解披露问题。

许多研究倡议采用专利申请或授权情况度量创新投资规模。专利申请或授权属于创新产出,不受研发投入操纵的影响;专利数据通常来自独立第三方,如美国专利和商标局(United States Patent and Trademark Office)与中国国家知识产权局,因此也不会受到披露问题的影响。然而,专利指标也存在缺陷:

首先,专利之间可比性弱。不同专利的学术和经济价值差异极大,有的专利甚至是以迎合监管为目标的"策略性创新"(黎文靖和郑曼妮,2016),所以专利数多不一定等于创新投资规模大,企业的专利数排序也不等同于创新投资规模排序。考虑到专利的异质性,有的研究主张以引用数体现专利价值,采用经引用数加权的专利数指标度量创新规模。然而,与美国情况不同,中国专利系统并不强制要求申请人引用所有可能相关的文献[①],申请人常常略去关联性最强的参考文献以体现专利的创新性。因此,引用数加权无法解决专利可比性不足的问题。

其次,专利数不完全由经理人的创新决策决定。第一,专利只是保护知

---

① 《中华人民共和国专利法实施细则》(2001年6月15日中华人民共和国国务院令第306号)第十七条:"(二)背景技术:写明对发明或者实用新型的理解、检索、审查有用的背景技术;有可能的,并引证反映这些背景技术的文件……"

识产权的众多机制之一，未必适用于所有企业。专利制度要求申请人完整披露技术细节以换取一定期限内的垄断权，所以使用专利制度的成本是明显的。Cohen et al.(2000)调查发现，多数美国制造业企业很少申请专利，通常依靠保守商业秘密并在学习曲线上"快人一步"来保护知识产权，尤其是中小企业。所以，许多创新投资并不会产生专利，没有专利产出不能证明企业没有创新投资。第二，即使企业选择专利机制保护知识产权，专利申请数也受到创新投资成功与否的影响，专利授权数还受到审批过程的影响。Farre-Mensa et al.(2020)认为专利审查员授权的倾向是不同的。所以，企业不申请专利或没有得到授权可能是因为创新投资受阻或审查过程运气不佳，不一定是因为没有创新投资。

考虑到两类指标各自的优劣势，本书主要采用研发投入指标。中国的监管部门常常将研发投入与营业收入比较，比如《高新技术企业认定管理办法》(国科发火〔2016〕32 号)规定，最近一年收入小于 5 000 万元(含)的企业如果最近三个会计年度的研发费用不低于收入的 5%，就可以被认定为高新技术企业，享受相应优惠。如果以创新投入对收入和总资产进行回归，营业收入的解释力就明显高于总资产。① 因此，本书以研发投入除以营业收入度量研发投资规模($RDInvest$)。对于没有披露研发投入的观测，对其 $RDInvest$ 赋值 0。研发投入数据来自同花顺 iFind 数据库，区间为 2009 年至 2017 年。

在这一节中，除了上一节涉及的变量，回归模型还控制了如下变量：

(1) 政府补助($Subsidy$)为政府补助与营业收入之比。

(2) 专职研发中心($RDCenter$)为表示至少有一个专职研发中心的虚拟变量。如果子公司主营业务含"研""技术""试验"，但不含"房地产""土地""制""生产""销""咨询""推广""服务""施工""管理""营""出口""加工""检测""教育""发行"等关键词，则认为这一子公司属于专职研发中心。

---

① 对各变量进行缩尾后，模型"创新投入＝营业收入＋总资产"的调整后 R^2 为 31.28%，而模型"创新投入＝营业收入""创新投入＝总资产"的 R^2 分别为 32.21% 和 23.57%。模型"创新投入＝营业收入＋总资产"和"创新投入＝营业收入"的 R^2 没有显著差异($z=0.8565, p=0.3917$)，模型"创新投入＝营业收入＋总资产"和"创新投入＝总资产"的 R^2 有显著差异($z=8.3011, p<0.01$)。另外，总资产对一般投资规模的解释力显著大于营业收入。

(3) 高管技术背景（$TechMng$）为表示高管团队内至少有一个高管有技术背景的虚拟变量。如果高管的职业背景含生产、研发或设计，则认为该高管有技术背景。

(4) 信息披露中的创新倾向（$Willing$）为文构 Wingo 财经文本数据平台提供的年报管理层讨论与分析文本的创新评分。

四、创新投资回归结果

（一）主要回归结果

表 7.4 报告了关于创新投资规模的回归结果，包括 OLS 和 Tobit 回归结果。决策权集中度的回归系数分别为 0.153 5（$t=3.981$，$p<0.001$）和 0.163 5（$t=3.312$，$p<0.001$），说明决策权越集中，创新投资规模越大，支持了假说 2.2a。其中 OLS 的回归结果表明，决策权集中度每增加一个标准差，创新投资规模增大 4.41%（=Cen 系数×Cen 标准差/RDInvest 均值= 0.153 5×0.872 7/3.040 0）。与表 7.1 比较可知，就经济显著性而言，决策权配置对创新投资的影响大于其对固定资产投资的影响。

表 7.4　　决策权配置与创新投资规模

变 量	\multicolumn{4}{c}{$RDInvest$}
	(1) OLS		(2) Tobit	
	回归系数	t 统计量	回归系数	t 统计量
Cen	0.153 5***	(3.981)	0.163 5***	(3.312)
$Size$	0.087 1*	(1.833)	0.204 1***	(3.260)
ROA	−4.403 7***	(−4.935)	−5.641 1***	(−5.233)
MB	0.076 1***	(5.243)	0.082 6***	(4.449)
$Risk$	2.511 7***	(4.902)	3.025 2***	(4.779)
Lev	−3.763 6***	(−12.364)	−4.243 9***	(−11.193)
SOE	−0.208 4**	(−2.140)	−0.278 6**	(−2.231)
Age	−0.767 6***	(−5.776)	−1.081 1***	(−7.057)
$Mono$	−0.828 4	(−0.544)	−0.028 0	(−0.016)
$Overseas$	0.514 1***	(4.828)	0.539 5***	(4.516)
$IndDiv$	−0.194 2***	(−3.428)	−0.124 6*	(−1.660)
$Board$	−0.024 8	(−0.101)	0.157 0	(0.510)

续　表

变量	RDInvest			
	(1) OLS		(2) Tobit	
	回归系数	t 统计量	回归系数	t 统计量
$Indepen$	0.429 2	(0.551)	0.290 9	(0.304)
$Dual$	0.239 6**	(2.370)	0.296 2***	(2.606)
$FirstShr$	−0.824 7***	(−2.741)	−0.625 4*	(−1.676)
$MngHld$	0.322 7***	(3.997)	0.493 1***	(4.429)
PPE	−0.760 5***	(−3.159)	−1.478 2***	(−4.419)
$Subsidy$	0.453 9***	(10.055)	0.504 9***	(10.702)
$RDCenter$	0.068 8	(0.566)	0.104 1	(0.765)
$SubDis$	−0.014 2	(−0.491)	0.018 2	(0.465)
$TechMng$	0.534 4***	(6.212)	0.752 2***	(6.258)
$Willing$	2.144 7***	(17.402)	3.159 4***	(19.331)
$Constant$	−2.058 0*	(−1.810)	−7.625 1***	(−4.983)
固定效应	控制		控制	
$Observations$	17 419		17 419	
$Adjusted/Pseudo\ R^2$	0.511		0.166	

注：第(1)列为 OLS 回归，第(2)列为左截尾为 0 的 Tobit 回归。

控制变量的回归结果显示：财务杠杆越高，创新投资规模越小。固定资产占比大的公司通常创新投资规模较小，可见轻资产公司创新倾向更强。政府补助回归系数显著为正，体现了政府补助对创新投资的激励作用。最后，高管有技术背景和信息披露创新倾向强的公司创新投资规模较大。

表 7.4 的结果说明集中决策权内部化外部性和促进多部门合作的积极作用大于其提高信息成本和削弱部门经理创新动机的消极作用。后文将进一步检验决策权配置对创新投资的作用机制。

(二) 稳健性检验

如果剔除研发投入缺失的 4 239 个观测，或者参考 Koh & Reeb(2015)在模型中控制表示研发投入缺失的虚拟变量和表示研发投入缺失而专利申请数不为 0 的虚拟变量,重复检验,则回归结论基本一致。

如果采用异常的职工薪酬集中度(潘怡麟等,2018)度量决策权配置,重复检验,则回归结论不变。

五、创新投资调节因素

本书主要从部门间关系、高管创新能力和意愿以及创新资源三个角度分析影响决策权配置作用的因素,通过向表 7.4 所示的模型加入调节变量与决策权集中度的交乘项来进行检验,回归结果如表 7.5 所示。

(一) 部门间关系

前文认为集中决策权能够内部化外部性并促进多部门合作。本书通过检验部门间关系对决策权配置作用的影响证明这两条路径。在产权界定不明晰的情况下,创新的外部性越强,决策权分散时部门经理越有可能排斥创新;而部门间合作的难度越大,高管的协调越重要。所以,部门间外部性强,多部门合作难度大时,集权对创新活动的积极作用更强。

为了适应创新发展方式,越来越多的企业设立了专职研发中心。这些中心专注于研发创新,通常不具备将创新产出变现的能力,或者不能获得创新活动的全部收益,同时需要其他部门提供资源以支撑创新活动。因此,与其他企业相比,在设有专职研发中心的企业内,创新活动在部门间的外部性更明显,决策权集中对创新的正向影响也就更强。

在实施地域多元化战略的企业中,部门间的地理距离是值得关注的因素。大量研究表明信息传递成本与地理距离正相关。与固定资产投资的情况相似,各部门相距较远时,经营活动的关联性比较弱,因而创新活动的外部性弱,但是部门间合作难度大,更需要高管发挥协调作用。由此,部门间地理距离既有可能增强也有可能削弱集权对创新的正面影响。如果以外部性解释为主,那么部门间地理距离越远,集权对创新投资规模的正面影响越弱;相反,如果以促进合作的解释为主,那么部门间地理距离越远,集权对创新投资规模的正向影响越强。

为了验证以上分析,本书在原模型中加入了专职研发中心($RDCenter$)和

表 7.5 决策权配置与创新投资规模：调节因素

变量	(1)	(2)	(3)	(4)	(5)	(6)	(7)
Cen	0.113 7** (2.154)	0.094 5 (1.547)	0.012 7 (0.132)	−0.205 4 (−1.229)	0.337 9*** (2.585)	0.004 1 (0.070)	−0.336 9 (−1.569)
RDCenter	0.143 8 (1.052)	0.106 4 (0.783)	0.108 6 (0.799)	0.112 4 (0.828)	0.104 2 (0.766)	0.104 1 (0.766)	0.147 9 (1.084)
RDCenter×Cen	0.339 4** (2.461)						0.266 5* (1.954)
SubDis	0.021 7 (0.558)	0.045 1 (1.270)	0.018 7 (0.480)	0.017 8 (0.456)	0.016 5 (0.418)	0.018 3 (0.469)	0.047 4 (1.335)
SubDis×Cen		0.075 6** (1.997)					0.078 4** (1.977)
TechMng	0.755 9*** (6.291)	0.754 3*** (6.261)	0.776 8*** (6.463)	0.756 4*** (6.292)	0.747 4*** (6.232)	0.749 2*** (6.247)	0.769 6*** (6.410)
TechMng×Cen			0.201 9* (1.867)				0.134 4 (1.259)
Willing	3.161 3*** (19.366)	3.162 0*** (19.399)	3.161 6*** (19.354)	3.165 8*** (19.364)	3.159 9*** (19.329)	3.165 1*** (19.366)	3.177 4*** (19.506)
Willing×Cen				0.300 5** (2.200)			0.252 2* (1.829)

RDInvest

续 表

变量	(1)	(2)	(3)	(4)	(5)	(6)	(7)
	\multicolumn{7}{c}{$RDInvest$}
Lev	−4.250 3***	−4.262 4***	−4.226 5***	−4.239 4***	−4.236 7***	−4.247 6***	−4.250 7***
	(−11.172)	(−11.223)	(−11.206)	(−11.195)	(−11.122)	(−11.191)	(−11.161)
$Lev \times Cen$					**−0.416 2**		**−0.464 0***
					(−1.624)		**(−1.733)**
$Mono$	−0.029 0	−0.046 0	−0.025 6	−0.011 1	−0.034 6	−0.047 9	−0.053 7
	(−0.017)	(−0.027)	(−0.015)	(−0.006)	(−0.020)	(−0.028)	(−0.031)
$Mono \times Cen$						**2.379 3***	**2.590 7***
						(3.267)	**(3.411)**
控制变量	控制	控制	控制	控制	控制	控制	控制
$Observations$	17 419	17 419	17 419	17 419	17 419	17 419	17 419
$Pseudo\ R^2$	0.166	0.166	0.166	0.166	0.166	0.166	0.167

注: 左截尾为 0 的 Tobit 回归, 控制变量设置与表 7.4 相同。

部门间地理距离（$SubDis$）与 Cen 的交乘项。表 7.5 第（1）列中，$RDCenter$ 主效应不显著，但是交乘项系数为 0.339 4（$t=2.461$，$p=0.014$），表明在设有专职研发中心的公司内，决策权配置与创新投资规模的关系更密切，支持了外部性解释。表 7.5 第（2）列中，$SubDis$ 的主效应同样不显著，而交乘项系数为 0.075 6（$t=1.997$，$p=0.046$），说明部门间地理距离越远，集中决策权对创新投资规模的提升作用越大，支持了多部门合作解释。这些结果为决策权配置的作用路径提供了证据。

（二）高管创新能力和意愿

当决策权集中时，创新的成败取决于高管。高管开展创新投资的能力和意愿越强，集中决策权促进创新投资的作用越强。一方面，具备创新能力和意愿的高管能较好地内部化外部性并协调各部门的创新活动；另一方面，这些高管能够获取、理解并运用决策相关信息，因而集权增加信息成本的不利影响相对较弱。

过去的任职经历能够塑造高管的专业能力。当高管团队有技术职业背景时，领导技术研发的能力无疑较强（Baker & Mueller，2002；Islam & Zein，2019；虞义华等，2018），所以与其他企业相比，在高管有技术背景的企业中，集中决策权对创新的作用更大。

Merkley（2014）发现高管利用研发相关披露传递有用信息。高管是公开信息披露的主要责任人，所以信息披露的创新倾向与高管的创新意愿有关。信息披露创新倾向越强，高管创新意愿越强，集中决策权对创新的积极作用越大。

为了验证以上分析，本书向原模型中加入了高管技术背景（$TechMng$）和信息披露创新倾向（$Willing$）与 Cen 的交乘项。表 7.5 第（3）列和第（4）列中，$TechMng$ 和 $Willing$ 的主效应均为正向，可见高管能力和意愿能促进创新。交乘项回归系数分别为 0.201 9（$t=1.867$，$p=0.062$）和 0.300 5（$t=2.200$，$p=0.028$），意味着当高管团队有技术背景或在信息披露中表露出创新倾向时，决策权配置与创新投资规模的关系密切。值得关注的是，第（3）列和第（4）列中的 Cen 主效应不再显著，说明当高管缺乏创新能力和意愿时,集中决策权不具有推动创新的作用。

（三）创新资源

前文分析表明,当决策权集中时,高管能调配资源以支持创新。那么,可供高管调配以支持创新的资源越多,集中决策权促进创新的作用越强。

在外部融资方面,债权人通常会对贷款用途做出规定,而且债权人不能分享上行收益,却要承担无限的下行损失,因而格外厌恶不确定性强的创新活动(Shi,2003;徐飞,2019)。因此,当企业财务杠杆较高,外部资金来源以债权人为主时,集权高管能够调配的创新资源较少,集权对创新的支持作用较弱。

"熊彼特假说"认为,拥有一定垄断能力的大规模企业是经济变革的引擎,这些企业有能力承担创新带来的风险与不确定性,通过内源融资支持创新(Schumpeter,1942)。因此,产品市场垄断程度越高,集权高管能调配的创新资源越多,集权对创新的正面作用越强。

为了验证以上分析,本书在原模型中加入了财务杠杆(Lev)和产品市场垄断程度($Mono$)与 Cen 的交乘项。表7.5 第(5)列中的 Lev 主效应显著为负,体现了债务融资对创新活动的阻碍作用,而交乘项回归系数为 -0.4162 ($t=-1.624$, $p=0.104$),在一定程度上表明债务融资会削弱决策权配置与创新投资的关系。表7.5 第(6)列中,$Mono$ 主效应不显著,但交乘项系数为 2.3793($t=3.267$, $p=0.001$),可见在垄断企业内,集中决策权对创新投资作用更强。这些结果说明创新资源是影响决策权配置作用的重要因素。

表7.5 第(7)列将所有交乘项同时纳入回归,结论基本一致。表7.5 说明,内部化外部性和促成多部门合作是集权促进创新的主要路径,决策权集中时高管创新的能力和意愿以及企业的创新资源格外重要。

六、开发式创新和探索式创新

创新可以大致分为开发式创新和探索式创新,其中探索式创新投入大,风险高(March,1991),部门间外部性更明显,多部门合作难度更大,更需要高管的协调(Argyres,1996)。所以,决策权配置对探索式创新的作用大于其对开发式创新的作用；相应地，决策权越集中，创新投资的探索性越强。

因为探索式创新的项目规模、综合性、创造性和成果价值大于开发式创新，所以此处采用以下变量刻画创新投资的性质：

（1）项目规模：创新项目规模（$InputPerPat$）为研发投入除以本年专利申请数取自然对数。

（2）综合性：$IPCPerPat1$ 和 $IPCPerPat2$ 为本年申请的发明专利和实用新型专利平均对应的 IPC 分类数。[①]

（3）创造性：

① $InventRatio$ 为发明专利申请占所有申请的比例。黎文靖和郑曼妮（2016）等研究认为，相比于实用新型和外观设计，发明专利更具有创造性。

② $NewIPC1$ 和 $NewIPC2$ 为专利申请本年首次涉及的 IPC 分类号数。专利首次涉及的 IPC 分类越多，新专利与公司过去专利的功能重叠越少，创新投资的创造性越强。

（4）成果价值：

① $CitePerPat1$ 和 $CitePerPat2$ 为专利的平均被引次数。大量研究认为专利被引越多，价值越大。引用数据来自谷歌专利数据库。由于根据公司名称匹配的成功率不高，因此有关检验的样本量比较小。

② $IntanImpair1$ 为表示无形资产减值准备本年增加的虚拟变量，$IntanImpair2$ 为表示无形资产减值准备本年末值非 0 的虚拟变量。这两个变量能够反映高管对创新成果价值的判断。创新成果越有价值，高管为其计提减值准备的可能性越小。尽管会计准则下的无形资产主要由专利权和非专利技术构成，但仍然无法区分自主研发和外购的无形资产。相关检验的控制变量包含 DA。

表 7.6 报告了关于创新投资性质的回归结果。第（1）行因变量为专利申请数。与预期略有不同的是，在第（1）行和第（2）行中，Cen 的回归系数分别为 $-0.0602(t=-2.533，p=0.011)$ 和 $0.0446(t=1.964，p=0.050)$，说明集中决策权会减少专利申请数，增加每个专利对应的研发投入。现有文

[①] 国际专利分类法（International Patent Classification，IPC）是目前国际通用的专利文献分类和检索工具，专利对应的 IPC 分类号越多，应用范围越广。

献一般将研发投入与专利申请数之比解读为创新效率。结合表 7.6 的其他结果,本书倾向于将第(1)行和第(2)行的结果视作集中决策权有利于推进大规模创新的证据。

表 7.6　　　　　　　　　决策权配置与开发式和探索式创新

序号	因变量	回归方法	Cen 回归系数	Cen 的 t 或 z 统计量	Observations	Adjusted/Pseudo R^2
(1)	PatOutput	Tobit	−0.060 2**	(−2.533)	17 419	0.201
(2)	InputPerPat	OLS	0.044 6**	(1.964)	11 798	0.118
(3)	IPCPerPat1	OLS	0.020 9*	(1.825)	13 049	0.265
(4)	IPCPerPat2	OLS	0.020 4**	(2.525)	13 049	0.247
(5)	InventRatio	Tobit	0.011 6**	(2.099)	13 266	0.144
(6)	NewIPC1	OLS	0.022 4**	(2.312)	13 049	0.217
(7)	NewIPC2	OLS	0.016 4**	(2.433)	13 049	0.169
(8)	CitePerPat1	Tobit	0.019 8	(1.218)	6 866	0.183
(9)	CitePerPat2	Tobit	0.014 0	(0.942)	6 866	0.157
(10)	IntanImpair1	Probit	−0.070 1***	(−2.638)	17 157	0.131
(11)	IntanImpair2	Probit	−0.100 1***	(−3.601)	17 157	0.120

注:第(1)、(8)和(9)行为左截尾为 0 的 Tobit 回归,第(5)行为[0,1]上的 Tobit 回归,第(10)行和第(11)行为 Probit 回归,其他行为 OLS 回归。控制变量设置与表 7.4 相同,第(10)行和第(11)行的控制变量还包括 DA。

在表 7.6 第(3)行和第(4)行中,Cen 的回归系数分别为 0.020 9($t=1.825$,$p=0.068$)和 0.020 4($t=2.525$,$p=0.012$),说明集中决策权能够提高创新投资的综合性。在第(5)行至第(7)行中,Cen 的回归系数均为正向显著($p=0.036$,0.021 和 0.015),表明与决策权分散的公司相比,决策权集中的公司更多地申请发明专利且倾向于拓展应用领域,即集权公司创新投资的创造性更强。

在表 7.6 第(8)行和第(9)行中,Cen 的回归系数为正但并不显著,这可能与专利引用指标的不足和数据缺失有关。而在第(10)行和第(11)行中,Cen 的回归系数分别为−0.070 1($z=-2.638$,$p=0.008$)和−0.100 1($z=-3.601$,$p<0.001$),可见决策权越集中的公司计提无形资产减值准备

的可能性越低,验证了集中决策权提升创新成果价值的作用。

表 7.6 的结果表明,决策权配置不但决定了创新投资规模,而且影响创新投资性质。决策权越集中,企业的探索式创新越多。

本 章 小 结

本章从投资的角度检验了决策权配置的经济后果。投资决定了企业未来的发展。当决策权集中时,高管可以抑制部门经理的过度投资、内部化部门间外部性并促进多部门合作,但是信息成本高,部门经理动机不足。现有经验研究并未就决策权配置与投资之间的关系达成一致结论。本书的经验证据支持了集中决策权对投资的正面影响:决策权越集中,固定资产投资和创新投资规模越大,固定资产投资的价值越大,探索式创新占创新投资的比重越大。

第八章 "掩得天下目"：决策权配置与信息披露

> ……君主必须深知怎样掩饰这种兽性，并且必须做一个伟大的伪装者和假好人。
>
> ——《君主论》

第一节 概 述

一、研究问题

为了聚焦于决策权配置对内部资源分配的影响，本书第六章和第七章没有讨论高管的代理人角色。本章和第九章将放松高管和股东利益一致的假设，分析决策权配置如何影响外部监督。

信息披露是高管与股东沟通的桥梁，在资本市场中起到引导资源配置和约束企业家行为的关键性作用。正因为高管是信息披露的直接责任人，所以从信息披露角度开展研究有助于厘清决策权配置对高管行为动机的影响。信息披露文献发现，为了改善股东评价以维持对企业的控制，高管惯于策略性地披露信息。高管的这一动机在决策权集中的情况下更强，这有两方面原因：其一，当决策权集中时，高管为了维持权力带来的私人收益而隐瞒对其不利的信息。其二，当决策权集中时，股东能够在高管个人投入与企业业绩之间建立明确联系，利用业绩信息评价高管；为了给股东"留下好印象"，集权高管倾向于策略性地披露信息。

本章第二节研究了决策权配置与管理层业绩预告之间的关系。管理层业绩预告是典型的自愿性信息披露。经验证据表明，决策权越集中，企业披露的坏消息预告越少，坏消息预告占所有预告的比例越小，坏消息预告的披露精确性越低，坏消息预告越多地被归因于外部因素，可见决策权集中时高管策略性地披露业绩预告。进一步检验显示，决策权越集中，坏消息业绩预告的市场反应越弱，好消息和坏消息预告市场反应的不对称性越强。

本章第三节研究了决策权配置与盈余管理之间的关系。经验证据表明，决策权越集中，调增利润的应计盈余管理越多，可见决策权集中时，在强制性信息披露中高管也采用了披露策略。关于调节变量的检验显示，当高管财会专业能力强、企业业绩低于预期时，决策权配置与盈余管理之间的关系更密切。最后，决策权越集中，年报盈利的市场反应越弱。

本章为集中决策权促使高管隐瞒信息的观点提供了证据，并补充了信息披露影响因素的有关文献。

二、信息披露文献回顾

在 Healy & Palepu(2001)的基础上，本节主要介绍信息披露文献的基本观点。本章第二节和第三节将分别回顾基于管理层业绩预告和盈余管理的经验研究。

（一）概述

信息披露是指企业向利益相关者报告经营状况信息的过程。应监管部门要求，企业既通过财务报表、报表附注和管理层讨论与分析等途径披露信息，又通过管理层业绩预告、电话会议、新闻稿和网页等途径开展自愿性信息披露。在企业内，部门经理向高管报告信息，高管负责汇总信息并对外披露。

信息披露在资本市场中发挥着关键作用。一方面,投资者和企业家之间的信息不对称导致了"柠檬市场"的困局。通过缓解信息不对称,信息披露能使市场免于崩溃,提高市场配置资源的效率。另一方面,由于企业家与投资者的利益不一致,因此前者的自利行为可能损害后者的利益。利用披露的信息,投资者能够评价和约束企业家的行为。所以,对信息披露影响因素的研究极具价值。

(二) 高管的信息披露决策

高管是信息披露的直接责任人,股东则会采用披露的信息评价高管。因此,信息披露既是高管与股东沟通的桥梁,又受高管的自利行为左右。现有文献一般从法律风险、经理人声誉、控制权维持动机、薪酬和股票交易几个角度分析高管的信息披露决策(Healy & Palepu, 2001)。

法律风险对信息披露有多重影响:一方面,隐藏坏消息可能招致诉讼,这种法律风险促使高管充分且及时地披露信息;另一方面,与实际不符的信息披露会引发诉讼,所以法律风险可能削弱高管披露特定信息的动机。由于信息披露需要成本,因此高管可以利用披露行为向股东释放关于其管理能力和私人信息的信号,从而形成声誉。股东常常要求高管为企业业绩和股价表现承担责任;当业绩不佳时,高管可能被迫离职,企业有可能遭遇敌意并购。为了避免这种局面,维持控制,高管惯于策略性地披露信息,为糟糕的业绩辩解,防止股价被低估,误导投资者以拔高股价。如果高管薪酬与披露的信息或者股价挂钩,高管就倾向于操纵信息披露以最大化薪酬。最后,试图参与股票交易的高管自然有动机通过信息披露提高股价和股票流动性。

在现有理论的基础上,本书将分析决策权配置如何通过影响高管的动机作用于信息披露。

三、理论分析

集中决策权会增强高管策略性披露信息的动机,主要有以下两方面原因:

第一，当决策权集中于高管时，高管可以从中获取私人收益。一方面，高管可以利用权力采取常见的自利行为，比如在职消费、偷懒和建造个人"帝国"，甚至侵占企业资金。另一方面，高管可能以权力为筹码谋取私人收益。在这种情况下，股东如果了解了企业的问题，就必然惩罚高管，限制其私人收益或剥夺其权力。因此，为了维持权力带来的私人收益，当决策权集中时，高管倾向于策略性披露信息。当决策权分散时，高管利用权力获得的私人收益有限，也就没有动机隐瞒信息。

第二，当决策权集中时，高管决策对企业经营有决定性作用。股东能够在高管个人投入与企业业绩之间建立明确的联系，利用业绩信息评价高管。所以，为了给股东"留下好印象"，高管有动机策略性披露信息。当决策权分散时，高管行为与业绩之间的关系则比较模糊，股东无法通过披露的业绩信息准确判断高管投入，因而高管操纵信息披露的动机相对较弱。

然而，与决策权分散的情况相比，当决策权集中时，股东分辨策略性信息披露的能力较强。这是因为此时高管行为与企业产出之间有明确关系，股东能够以其他信息来源为基础形成对企业产出的认知，甄别高管的信息操纵。

在以上观点的基础上，本章第二节和第三节将具体分析决策权配置如何影响管理层业绩预告和盈余管理。

第二节　决策权配置与管理层业绩预告

一、管理层业绩预告文献回顾

在上节介绍的信息披露文献的基础上，本节将回顾关于管理层业绩预告的经验研究。

（一）概述

管理层业绩预告是指企业在业绩宣告前对下一季度或下一年度盈利情

况的预测报告,是自愿性信息披露文献主要的研究对象之一。2001年,证监会通过了《公开发行证券的公司信息披露编报规则第13号——季度报告内容与格式特别规定》(证监发〔2001〕55号),明确要求预计业绩大幅变动的上市公司在季度报告中进行业绩预告。2006年,深圳和上海两家证券交易所修订的《证券交易所股票上市规则》要求公司单独披露业绩预告公告。统计显示,2017年约80%的A股上市公司披露了管理层业绩预告。

管理层业绩预告的作用在于帮助投资者了解企业的经营状况。由于管理层业绩预告和分析师盈利预测同具预告性质,因此许多研究比较了两者对企业未来业绩的预测能力。多数研究认为,在对未来业绩的预测方面,管理层预告和分析师预测优于朴素模型,在特定情况下,管理层预告更准确(Ruland,1978;Schreuder & Klaassen,1984;Waymire,1986)。Hutton et al.(2012)发现当企业价值主要受宏观经济因素影响时,分析师预测更准确;当从外部难以预测企业的价值驱动因素时,管理层预告更准确。管理层业绩预告能够为投资者提供增量信息,引发股票市场反应。Patell(1976)和Jaggi(1978)较早发现了管理层自愿披露业绩预告引起股票市场反应的证据。罗玫和宋云玲(2012)发现中国企业披露的业绩预告和业绩修正预告都有显著的股票市场反应。另有研究发现,管理层业绩预告能够为包括股权分析师(白晓宇,2009;李馨子和肖土盛,2015)和债券评级机构(Danos et al.,1984)在内的中介提供信息,起到降低股权融资成本(Li & Zhuang,2012;Baginski & Rakow,2012;Shroff et al.,2013;Cao et al.,2017)和债务融资成本(Shivakumar et al.,2011)的作用。但是也有研究认为,如果控制盈余质量,业绩预告与资本成本的负相关关系就会减弱或消失(Francis et al.,2008)。

经验研究证明企业内部信息环境对管理层业绩预告的披露质量有重要影响。Cassar & Gibson(2008)和Ittner & Michels(2017)发现,企业内部报告、预测和计划过程能够提高管理层业绩预告的准确性。Chen et al.(2018b)以高管和部门经理交易本公司股票获利的差异度量两者之间的信息不对称,发现信息不对称性越强,管理层业绩预告的准确性和精确性越弱,披露频率越低。

（二）高管披露业绩预告的动机

现有文献主要从诉讼风险、声誉、职业发展和股票交易获利几个角度探讨高管披露业绩预告的动机。

关于诉讼风险与业绩预告披露之间的关系，文献中有两种观点：以 Skinner(1994)为代表的研究认为，高管提前披露坏消息是为了避免股价断崖式下跌，降低诉讼风险。Cao et al.(2011)构造了一个事前法律风险指标，Houston et al.(2019)和 Naughton et al.(2019)则利用了改变法律风险的外生事件，支持了这一观点。另一类研究认为高管需要为其言行负责，所以披露前瞻性的业绩预告反而会放大诉讼风险。比如，Rogers & Buskirk(2009)研究了卷入信息披露有关诉讼的企业，发现这些企业在诉讼后减少了披露；Johnson et al.(2001)和 Bourveau et al.(2018)发现外生的法案降低诉讼风险后，企业更多地披露业绩预告；由于美国的法律风险显著高于加拿大，因此 Baginski et al.(2002)和 Wynn(2008)通过比较发现加拿大的企业更多地披露管理层业绩预告，在美国交叉上市则会减少披露。

除了法律，市场声誉也能对经理人起到约束作用，但是有关研究比较有限。Beyer & Dye(2012)的理论研究提出高管可以通过披露不利消息建立知无不言(Forthcoming)的声誉。

高管对职业生涯的关注(Career Concerns)对业绩预告披露有复杂的影响。Trueman(1986)认为高管披露业绩预告能使投资者高度评价其预测经济环境变化并调整生产计划的能力；相似地，Hayward & Fitza(2017)发现企业遭遇挫折后，高管会披露精确的业绩预告以体现其对业绩的控制力。对职业生涯的关注促使高管差异化地披露好消息和坏消息预告：Dimitrov & Jain(2011)发现年度股东大会前，高管常常改变业绩预告的时点和内容，向股东披露好消息；Baginski et al.(2018)发现高管对职业生涯的关注越强，越倾向于延迟披露坏消息；Ali et al.(2019)以不可避免披露原则(Inevitable Disclosure Doctrine)加强职业生涯关注的事件为研究背景，得到了与 Baginski et al.(2018)相似的结论；但是，Pae et al.(2016)发现关注职业生涯的高管更有可能披露稳健的预告。最后，大量研究发现高管披露业绩预告影响股价并通过股票交易获利的现象，比如 Marquardt & Wiedman(1998)、Noe(1999)、

Cheng & Lo(2006)、Cheng et al.(2013)以及李欢和罗婷(2016)。

本书认为,当决策权集中时,高管更有可能出于维持对企业的控制并促进职业发展的目的披露业绩预告。

(三)高管披露业绩预告的策略

为了降低诉讼风险、建立声誉、促进职业生涯发展或者增加股票交易获利,高管采用了多种业绩预告披露策略。

第一,高管差异化地披露好消息和坏消息预告。Kothari et al.(2009)发现坏消息预告的市场反应显著大于好消息预告,原因是高管隐瞒坏消息。Bao et al.(2019)以卖空比例(Residual Short Interest)度量高管的私有坏消息,提供了高管隐瞒坏消息的一般性证据。但是也有研究发现高管通过增加坏消息的披露改变投资者预期(Pae et al.,2016)。

第二,高管刻意披露准确性低的信息,预告业绩相对于其私人信息既有可能偏高,也有可能偏低。这种披露策略十分常见,一个典型例子是每股盈利的取整:Bamber et al.(2010)发现高管预告的每股盈利常常以一定基数的倍数取整,而实际盈利却很少是这些基数的整数倍。这种取整行为降低了业绩预告的准确性,带来了乐观偏差。于剑乔和罗婷(2016)采用中国企业样本得到了相似的结论。

第三,高管策略性地决定披露精确性。Skinner(1994)较早关注了业绩预告的披露精确性差异,发现好消息预告一般以当年每股盈利的点估计或区间估计形式披露,而坏消息预告多是盈利的定性陈述。方先明和高爽(2018)发现,当业绩预告修正公告为好消息时,高管倾向于尽早发布精确性高的公告;当业绩预告修正公告为坏消息时,高管倾向于延迟发布精确性低的公告。部分文献研究了信息使用者对不同形式业绩预告的反应:在实验研究中,Hirst et al.(1999)认为业绩预告的精确性和准确性不会影响投资者的业绩预期,但会影响投资者对其预期的信心;Han & Tan(2010)发现披露形式对管理层业绩预告市场反应的影响取决于投资者的头寸和期望(News Valence)。基于档案数据的研究发现,相对于定性业绩预告,发布定量业绩预告的企业以及披露精确的企业跟踪分析师数量多,分析师预测误差和分歧度低(王玉涛和王彦超,2012)。

第四,高管有倾向性地解释预告业绩。Libby & Rennekamp(2012)通过实验发现,经理人惯于将优良业绩归功于自身。罗玫和魏哲(2016)基于档案数据的研究发现,高管偏好用宏观因素解释业绩的下降;如果高管将业绩变化归因于不可控因素,则市场对好消息预告的积极反应更强,对坏消息预告的消极反应更弱。

此外,高管刻意选择业绩预告披露时点。比如,高管集中于年度股东大会前披露好消息业绩预告(Dimitrov & Jain, 2011);在交易日披露好消息,在休息日披露坏消息(张馨艺等,2012);在市场行情上升期披露坏消息,在市场行情下降期披露好消息(徐高彦等,2017)。

在以上文献的基础上,本书将深入分析决策权配置与业绩预告策略性披露的关系。

二、理论分析

决策权越集中,高管策略性披露业绩预告的动机越强。如前文所述,决策权越集中,高管获得的私人收益越多,给股东留下好印象从而维持控制的动机越强。在决策权集中的情况下,高管的私人投入直接影响企业业绩,业绩下降时股东惩罚高管的可能性大,所以高管策略性地披露信息,尤其是坏消息。此外,当决策权集中时,股东有监督能力优势,可以识破高管的披露策略,那么高管就不会投入无谓成本进行策略性披露。

虽然美国的研究认为高管既有可能采用"报喜不报忧"的披露策略也有可能"先抑后扬",但是中国的资本市场由散户主导,企业若加速披露坏消息,则会面临投资者短期抛售的巨大压力。方先明和高爽(2018)发现中国企业倾向于尽快披露好消息。所以,中国企业惯于采用"报喜不报忧"的披露策略。由此,提出竞争性假说3.1a和3.1b:

假说3.1a(策略性披露):企业内部决策权越集中,包含坏消息的管理层业绩预告披露越少。

假说3.1b(股东监督):企业内部决策权越集中,包含坏消息的管理层业绩预告披露越多。

三、研究设计

（一）回归模型

管理层业绩预告数据来自锐思 RESSET 数据库。样本是上市公司针对季度或年度累计利润的预告，不含类型为经营计划的预告[①]，预告披露时间不早于预告针对的年度，但是早于季报、半年报和年报公布时间。

假说 3.1a 预期当因变量为坏消息预告数（$BadNum$）和坏消息占比（Bad）时，自变量决策权集中度（Cen）的回归系数显著为负。另外，本书检验了 Cen 与好消息预告数（$GoodNum$）、中性预告数（$NeuNum$）和好消息占比（$Good$）的关系。基于锐思数据库分类，本书将预测类型为预盈、预增、减亏和减降的业绩预告认定为好消息，将类型为预亏、预警、预降和减增的业绩预告认定为坏消息，将预平预告认定为中性消息。

除了基础控制变量，本节的回归模型还控制了如下变量：

(1) 审计质量（$Big4$）为表示审计师为四大会计师事务所的虚拟变量。

(2) 分析师关注（$Analyst$）为当年跟踪公司的分析师团队数。

(3) 盈余质量（$absDA$）为操纵性应计的绝对值。

(4) 再融资（SEO）为表示当年有增发配股事件的虚拟变量。

(5) 内部人交易（$Insider$）为当年内部人净买入的股数占总股本的比例。

由于各市场板块信息披露监管有差异，因此此处在模型中加入了市场板块固定效应，用于区分上海交易所、深圳交易所主板和创业板。本节还控制了预告季度固定效应[②]。公司-年度层面的预告季度固定效应为四个虚拟变量，分别对应第一季度、半年度、第三季度和年度，公司当年发布了对半年度和年度的业绩预告，则第二个和第四个虚拟变量取值为 1，以此类推。在预告层面，季度虚拟变量则表示该预告所针对的季度。

（二）管理层业绩预告样本

表 8.1 列示了管理层业绩预告的分布情况。2007 年至 2017 年的 19 988 个

[①] 此类预告更接近于年度预算披露。
[②] 当采用披露坏（好）消息预告的子样本时，季度固定效应对应发布坏（好）消息预告季度。

表 8.1　管理层业绩预告分布

单位：个

项　目	2007年	2008年	2009年	2010年	2011年	2012年	2013年	2014年	2015年	2016年	2017年	合　计
所有观测	1 078	1 162	1 281	1 322	1 620	1 986	2 098	2 140	2 226	2 507	2 568	**19 988**
有预告观测	744	832	956	968	1 187	1 517	1 623	1 648	1 803	1 993	2 054	**15 325**
有预告占比(%)	69.02	71.6	74.63	73.22	73.27	76.38	77.36	77.01	81	79.5	79.98	76.67
业绩预告数	2 044	2 342	2 652	2 726	3 385	4 960	5 519	5 650	6 280	6 954	7 242	49 754
平均披露数(所有观测)	1.90	2.02	2.07	2.06	2.09	2.50	2.63	2.64	2.82	2.77	2.82	2.49
第一季度	171	251	203	225	310	705	820	915	987	1 126	1 201	6 914
半年度	627	688	799	841	992	1 380	1 532	1 537	1 713	1 838	1 941	13 888
第三季度	533	561	688	681	868	1 275	1 381	1 400	1 560	1 735	1 785	12 467
年度	713	842	962	979	1 215	1 600	1 786	1 798	2 020	2 255	2 315	16 485
好消息	1 486	1 245	1 287	1 960	2 142	2 135	2 876	3 004	3 254	4 308	4 777	28 474
坏消息	520	1 019	1 238	591	989	2 428	2 251	2 224	2 592	2 171	1 950	17 973
预平	38	78	127	175	254	397	392	422	434	475	515	3 307
乐观偏差	380	864	828	867	1 505	2 716	2 896	2 943	3 244	3 314	3 706	23 263
无乐观偏差	1 664	1 478	1 824	1 859	1 880	2 244	2 623	2 707	3 036	3 640	3 536	26 491
定性	410	321	380	313	225	249	336	331	411	473	430	3 879
无限区间	585	438	338	334	260	170	84	53	53	47	38	2 400
有限区间	751	1 125	1 332	1 609	2 528	4 137	4 754	4 878	5 415	6 004	6 397	38 930
点值	298	458	602	470	372	404	345	388	401	430	377	4 545
外部归因	535	1 077	1 376	1 140	1 315	2 342	2 346	2 125	2 463	2 496	2 626	19 841
非外部归因	1 509	1 265	1 276	1 586	2 070	2 618	3 173	3 525	3 817	4 458	4 616	29 913

公司-年度观测中共有 15 325 个观测披露了业绩预告,7 163 个观测披露了坏消息预告。在研究区间内,有预告公司占所有公司的比例逐年提升,从 2007 年的 69.02% 提高至 2017 年的近 80%。由业绩预告数可见,近年上市公司披露业绩预告的积极性明显增强。2007 年,上市公司平均进行 1.90 次业绩预告披露;2011 年至 2012 年,平均披露数由 2.09 次跃升至 2.50 次;2017 年,这一数据增长至 2.82 次。

在内容方面,与其他季度相比,针对第一季度业绩的预告较少,这与交易所对业绩预告的规定有关。绝大多数预告有明显倾向性。除 2012 年,各年披露的好消息预告均明显多于坏消息预告。大部分预告业绩高于实现业绩。有限区间是上市公司披露业绩预测的主要形式。

四、管理层业绩预告坏消息占比回归结果

表 8.2 报告了关于坏消息业绩预告的回归结果,因变量依次为好消息预告数($GoodNum$)、中性预告数($NeuNum$)、坏消息预告数($BadNum$)、好消息占比($Good$)和坏消息占比(Bad)。第(1)列和第(4)列中决策权集中度的回归系数不显著,说明控制其他因素后,决策权配置不影响好消息预告的披露。Cen 的回归系数在第(2)列中为 0.048 7($t=1.901$,$p=0.057$),在第(3)列和第(5)列中分别为 $-0.024\ 5$($t=-2.351$,$p=0.019$)和 $-0.029\ 6$($t=-1.967$,$p=0.049$),表明在决策权集中的公司中,高管倾向于减少坏消息预告,转而披露中性预告,但是没有增加好消息预告,支持了假说 3.1a。在经济显著性方面,决策权集中度每增加一个标准差,坏消息预告数将减少 5.07%(=Cen 系数×Cen 标准差/$BadNum$ 均值=$-0.024\ 5×0.868\ 5/0.420\ 1$)。

表 8.2　　　　　　决策权配置与管理层业绩预告中的坏消息

变量	好消息/中性/坏消息预告数			好坏消息占比	
	(1) $GoodNum$	(2) $NeuNum$	(3) $BadNum$	(4) $Good$	(5) Bad
Cen	0.000 7 (0.097)	0.048 7* (1.901)	$-0.024\ 5$** (-2.351)	0.006 1 (0.397)	$-0.029\ 6$** (-1.967)
$Size$	$-0.016\ 1$ (-1.642)	$-0.307\ 0$*** (-7.929)	0.020 1 (1.352)	0.011 4 (0.528)	0.043 6** (2.063)

续　表

变量	好消息/中性/坏消息预告数			好坏消息占比	
	(1) GoodNum	(2) NeuNum	(3) BadNum	(4) Good	(5) Bad
ROA	8.078 1*** (44.473)	1.544 7*** (3.376)	−10.500 1*** (−41.232)	16.983 5*** (29.538)	−17.485 9*** (−29.514)
MB	−0.017 4*** (−7.648)	−0.073 6*** (−7.237)	0.003 5 (1.136)	−0.016 6*** (−3.343)	0.021 7*** (4.458)
Risk	0.821 6*** (6.929)	0.053 3 (0.152)	0.042 9 (0.251)	0.728 7*** (2.914)	−0.482 4** (−1.971)
Lev	0.827 7*** (16.908)	0.077 7 (0.491)	−0.471 6*** (−7.393)	1.203 8*** (11.624)	−1.034 8*** (−10.548)
SOE	−0.003 0 (−0.180)	−0.115 7* (−1.751)	0.030 5 (1.237)	−0.030 7 (−0.847)	0.052 1 (1.511)
Age	0.031 6* (1.892)	−0.262 0*** (−4.708)	0.052 4* (1.949)	0.030 0 (0.847)	0.060 4* (1.726)
Mono	0.544 6** (2.483)	−0.317 3 (−0.429)	−0.842 2** (−2.493)	1.092 9** (2.237)	−1.122 7** (−2.329)
Overseas	−0.008 1 (−0.539)	0.118 0** (2.308)	−0.007 0 (−0.314)	−0.018 5 (−0.595)	−0.022 7 (−0.765)
IndDiv	0.022 8** (2.263)	0.004 0 (0.105)	−0.004 6 (−0.305)	0.012 1 (0.544)	−0.019 9 (−0.917)
Board	−0.080 2** (−2.000)	0.043 8 (0.298)	0.098 9* (1.685)	−0.211 1** (−2.448)	0.156 7* (1.868)
Indepen	−0.027 6 (−0.201)	−0.121 9 (−0.257)	0.223 0 (1.145)	−0.401 4 (−1.392)	0.241 4 (0.865)
Dual	0.005 5 (0.358)	0.027 5 (0.584)	−0.034 3 (−1.503)	0.010 0 (0.315)	−0.039 5 (−1.304)
FirstShr	−0.339 8*** (−7.170)	0.390 5** (2.362)	0.233 6*** (3.337)	−0.559 4*** (−5.588)	0.411 3*** (4.135)
MngHld	0.004 0 (0.228)	0.134 5* (1.958)	−0.046 1** (−2.020)	0.021 2 (0.574)	−0.072 0** (−2.097)
Big4	−0.059 2** (−2.104)	−0.210 8 (−1.288)	0.057 8 (1.425)	−0.055 0 (−0.912)	0.080 3 (1.351)
Analyst	0.023 6*** (3.275)	−0.045 7* (−1.900)	−0.143 0*** (−12.691)	0.125 3*** (8.118)	−0.128 9*** (−8.340)
absDA	0.130 3 (1.129)	−1.685 1*** (−4.173)	−0.752 0*** (−3.963)	0.798 8*** (2.879)	−0.459 0* (−1.654)

续　表

变　量	好消息/中性/坏消息预告数			好坏消息占比	
	(1) GoodNum	(2) NeuNum	(3) BadNum	(4) Good	(5) Bad
SEO	0.243 1*** (16.592)	−0.087 9* (−1.647)	−0.233 1*** (−8.638)	0.418 6*** (11.727)	−0.367 1*** (−10.479)
Insider	0.001 0 (0.380)	−0.001 3 (−0.175)	0.005 4 (1.555)	−0.005 5 (−1.112)	0.005 7 (1.171)
Constant	−1.254 5*** (−5.416)	4.110 5*** (4.532)	−1.489 9*** (−4.309)	−0.073 4 (−0.146)	−0.410 3 (−0.821)
固定效应	控制	控制	控制	控制	控制
Observations	19 988	19 988	19 988	15 325	15 325
Pseudo R^2	0.308	0.238	0.260	0.172	0.197

注：第(1)列至第(3)列为左截尾为 0 的 Tobit 回归，第(4)列和第(5)列为[0,1]上的 Tobit 回归。

控制变量的回归结果说明，高质量审计减少了好消息预告的披露。分析师跟踪越多，公司披露的好消息预告越多、坏消息预告越少。盈余质量越差，坏消息预告披露得越少。当年发生增发配股的公司倾向于披露好消息、减少坏消息，可能是因为再融资时公司通过策略性披露引导市场。

五、进一步研究：管理层业绩预告披露方式

（一）理论分析

当不得不披露坏消息时，高管是否会改变业绩预告披露方式以削弱坏消息的负面影响？本书从预告业绩的乐观偏差、披露精确性和原因解释三个角度分析业绩预告披露方式：

（1）通过披露乐观的预告业绩，高管能够减小坏消息的负面影响，甚至将坏消息扭转为好消息。这可能是掩饰坏消息最为直接的办法，但是如果预告业绩未能实现，高管就将受到惩罚(Rogers & Stocken, 2005)。

（2）通过采用模糊的披露形式，比如定性披露而非披露具体数值，高管可以降低坏消息信号的精确性。

（3）通过外部归因，高管可以削弱坏消息的不利市场反应。

所以，企业内部决策权越集中，坏消息业绩预告的乐观偏差越大，披露

精确性越低,外部归因越多。

(二) 研究设计

此处在披露坏消息预告的子样本中检验以上分析,因变量包括:坏消息乐观偏差($Optim\_Bad$),即预告业绩高于实现业绩的预告占坏消息预告的比例;坏消息披露精确性($Form\_Bad$)为定序变量,即当年披露坏消息预告所采用的精确性最低的形式,取值 0~3 分别表示定性、无限区间、有限区间和点值;坏消息外部归因占比($External\_Bad$),即预测原因为"外部市场与行业"或"税负"①的预告占坏消息预告的比例。本书预期,以 $Optim\_Bad$ 和 $External\_Bad$ 为因变量时,Cen 的回归系数应显著大于 0;以 $Form\_Bad$ 为因变量时,Cen 的回归系数应显著小于 0。同时,此处检验了决策权配置如何影响好消息预告的披露方式。

(三) 回归结果

表 8.3 报告了关于管理层业绩预告披露方式的回归结果。A 部分针对坏消息预告,B 部分针对好消息预告。因变量包括乐观偏差($Optim\_Bad$ 和 $Optim\_Good$)、披露精确性($Form\_Bad$ 和 $Form\_Good$)和外部归因占比($External\_Bad$ 和 $External\_Good$)。

表 8.3　　决策权配置与管理层业绩预告披露方式

	A:坏消息预告		
变　量	(1) $Optim\_Bad$	(2) $Form\_Bad$	(3) $External\_Bad$
Cen	−0.013 4 (−1.003)	−0.047 5** (−2.357)	0.074 1*** (3.487)
$Size$	−0.036 5* (−1.842)	−0.029 7 (−1.048)	0.116 8*** (4.007)
ROA	−1.454 8*** (−5.615)	0.166 6 (0.398)	−1.642 5*** (−4.278)

---

① 以锐思数据库划分为基础。

续 表

变 量	(1) Optim_Bad	(2) Form_Bad	(3) External_Bad
MB	−0.009 2** (−2.523)	−0.002 1 (−0.349)	−0.015 3*** (−2.655)
Risk	0.229 1 (1.042)	−0.018 4 (−0.068)	0.319 1 (1.019)
Lev	0.099 6 (1.198)	−0.077 7 (−0.651)	0.001 6 (0.013)
SOE	−0.140 9*** (−4.288)	0.071 6 (1.471)	0.047 7 (0.953)
Age	−0.098 9*** (−2.806)	0.105 2** (2.489)	−0.135 6*** (−2.587)
Mono	1.080 7** (2.300)	0.389 3 (0.652)	0.642 8 (1.037)
Overseas	0.055 1* (1.769)	−0.001 2 (−0.030)	−0.028 6 (−0.631)
IndDiv	0.023 3 (1.102)	0.008 9 (0.281)	−0.055 8* (−1.786)
Board	−0.006 7 (−0.088)	0.203 6* (1.777)	0.097 4 (0.785)
Indepen	−0.358 9 (−1.272)	0.004 1 (0.010)	−0.674 7 (−1.637)
Dual	0.053 6* (1.895)	−0.021 5 (−0.599)	−0.020 3 (−0.470)
FirstShr	0.047 0 (0.513)	−0.125 1 (−0.963)	0.275 1** (2.042)
MngHld	0.081 5*** (2.611)	0.030 3 (0.615)	0.066 3 (1.389)
Big4	−0.151 4** (−2.254)	−0.213 3** (−2.144)	−0.104 3 (−1.044)
Analyst	0.061 8*** (4.185)	0.001 0 (0.051)	0.034 7 (1.611)
absDA	−0.362 0 (−1.512)	−0.841 3** (−2.554)	−0.867 8*** (−2.629)
SEO	−0.051 3 (−1.359)	−0.003 3 (−0.073)	−0.126 1** (−2.387)

续表

变量	(1) Optim_Bad	(2) Form_Bad	(3) External_Bad
Insider	0.000 6 (0.122)	0.003 0 (0.553)	−0.006 7 (−1.094)
Constant	0.963 8** (2.074)		−1.945 2*** (−2.689)
Constant cut 1		−1.016 2 (−1.540)	
Constant cut 2		−0.801 0 (−1.214)	
Constant cut 3		1.521 7** (2.307)	
固定效应	控制	控制	控制
Observations	7 163	7 163	7 163
Pseudo R^2	0.093 1	0.122	0.077 8

B：好消息预告

变量	(1) Optim_Good	(2) Form_Good	(3) External_Good
Cen	**−0.010 8** **(−1.031)**	**0.009 5** **(0.537)**	**0.034 0**** **(2.237)**
控制变量	控制	控制	控制
Observations	10 795	10 795	10 795
Pseudo R^2	0.093 8	0.114	0.055 2

注：A 和 B 两部分的第(1)列和第(3)列为[0,1]上的 Tobit 回归,第(2)列为 Ordered Probit 回归。

在 A 部分第(1)列中,Cen 的回归系数为−0.013 4($t=-1.003$, $p=0.316$),说明决策权集中度与坏消息乐观偏差无关,这可能是因为高管如果不能实现预告业绩就会受到惩罚(Rogers & Stocken,2005),通过吹嘘未来业绩来掩盖坏消息对高管而言成本过高。在第(2)列和第(3)列中,Cen 的回归系数分别为−0.047 5($z=-2.357$, $p=0.018$)和 0.074 1($t=3.487$, $p<0.001$),表明决策权越集中,坏消息预告披露越不精确,外部归因的比例越大,符合预期。B 部分的回归结果说明决策权配置没有影响好消息预告的乐观偏差和披露精确性,但决策权越集中,好消息预告的外部归因越多,

这可能是因为外部归因也能增强好消息预告的市场反应(罗玫和魏哲，2016)。比较 A 和 B 两部分第(3)列的系数可见，决策权配置对好消息预告外部归因的影响不及其对坏消息预告外部归因的影响。

表 8.2 和表 8.3 说明决策权集中时，高管策略性地披露业绩预告，一方面减少坏消息披露，另一方面改变坏消息预告披露方式以减轻其对市场的负面影响。

为了提升结论的稳健性，本书改变了关于坏消息预告披露方式的研究设计。表 8.3 采用披露坏消息预告的子样本进行检验，如果以全样本估计模型(8-1)，则其中 $Good$ 和 Bad 分别是公司当年披露预告中的好消息占比和坏消息占比。当本书预期因变量为披露精确性($Form$)时，β_5 显著为负；当因变量为外部归因占比($External$)时，β_5 显著为正。

$$Form_{i,t} \text{ 或 } External_{i,t} = \beta_0 + \beta_1 \times Good_{i,t} + \beta_2 \times Bad_{i,t} + \beta_3 \times Cen_{i,t}$$
$$+ \beta_4 \times Cen_{i,t} \times Good_{i,t} + \beta_5 \times Cen_{i,t} \times Bad_{i,t}$$
$$+ \sum \beta \times Controls + \varepsilon_{i,t} \quad (8-1)$$

回归结果如表 8.4 所示。交乘项 $Cen \times Bad$ 的回归系数在第(1)列中仍不显著，在第(2)列和第(3)列中分别为 $-0.141\ 3$ ($z=-1.896$，$p=0.058$)和 $0.110\ 2$ ($t=1.893$，$p=0.058$)，可见坏消息预告披露精确性越低，外部归因越多，与表 8.3 的结论一致。交乘项 $Cen \times Good$ 的回归系数不显著，并且与 $Cen \times Bad$ 系数存在一定差异。

表 8.4　　　决策权配置与管理层业绩预告披露方式：改变模型

变量	(1) $Optim$	(2) $Form$	(3) $External$
$Good$	$-0.164\ 2^{***}$ (-5.236)	$0.429\ 8^{***}$ (7.246)	$-0.358\ 7^{***}$ (-7.578)
Bad	$0.033\ 0$ (1.000)	$0.293\ 3^{***}$ (4.541)	$0.327\ 0^{***}$ (6.532)
Cen	$-0.022\ 0$ (-0.667)	$0.088\ 6$ (1.325)	$-0.057\ 3$ (-1.046)
$Cen \times Good$	$0.006\ 3$ (0.180)	$-0.076\ 2$ (-1.082)	$0.082\ 8$ (1.459)

续 表

变 量	(1) Optim	(2) Form	(3) External
Cen×Bad	0.025 5 (0.720)	−0.141 3* (−1.896)	0.110 2* (1.893)
控制变量	控制	控制	控制
Observations	15 325	15 325	15 325
Pseudo R^2	0.128	0.124	0.127
系数比较：Cen×Good＝Cen×Bad			
χ^2	1.76	4.50	1.81
p	0.184 6	0.033 9	0.178 6

注：第(1)列和第(3)列为[0,1]上的 Tobit 回归，第(2)列为 Ordered Probit 回归。

六、稳健性检验

（一）"完全自愿披露"样本

如果按照《深圳证券交易所股票上市规则》《深圳证券交易所创业板股票上市规则》和《上海证券交易所股票上市规则》的标准，剔除疑似满足管制要求而披露的预告，得到的"完全自愿披露"样本如表 8.5 所示。完全自愿披露的预告约占全部业绩预告的 66.55%。如果在这些预告的基础上重复主要检验，则回归结论基本一致。

表 8.5   "完全自愿披露"管理层业绩预告分布   单位：个

年 份	公司-年度观测数			预 告 数	
	全 部	有预告	有"完全自愿"预告	全 部	"完全自愿"
2007	1 078	744	627	2 044	1 402
2008	1 162	832	747	2 342	1 857
2009	1 281	956	730	2 652	1 692
2010	1 322	968	740	2 726	1 688
2011	1 620	1 187	977	3 385	2 123
2012	1 986	1 517	1 343	4 960	3 321
2013	2 098	1 623	1 453	5 519	3 826
2014	2 140	1 648	1 476	5 650	3 811

续 表

年 份	公司-年度观测数			预 告 数	
	全 部	有预告	有"完全自愿"预告	全 部	"完全自愿"
2015	2 226	1 803	1 605	6 280	4 135
2016	2 507	1 993	1 791	6 954	4 486
2017	2 568	2 054	1 846	7 242	4 768
合计	19 988	15 325	13 335	49 754	33 109

（二）预告层面

预告层面的检验结果如表8.6所示，因变量依次为：虚拟变量坏消息预告（BadMF），表示预告的类型为预亏、预警、预降或减增；定序变量披露精确性，取值0～3分别表示定性、无限区间、有限区间和点值；虚拟变量外部归因，表示预告原因为"外部市场与行业"或"税负"。第(1)列样本为所有预告，第(2)列至第(4)列样本为坏消息预告。决策权集中度的回归系数依次为 —0.022 0、0.001 8、—0.044 5 和 0.057 6（p=0.080，0.895，0.013，0.001），意味着决策权越集中，公司披露的业绩预告包含坏消息的可能性越低，而坏消息预告的精确性越低，外部归因现象越多，与表8.2和表8.3的结论一致。

表 8.6　决策权配置与管理层业绩预告披露方式：预告层面

变　量	(1) BadMF	(2) 乐观偏差	(3) 披露精确性	(4) 外部归因
Cen	−0.022 0* (−1.753)	0.001 8 (0.132)	−0.044 5** (−2.496)	0.057 6*** (3.256)
控制变量	控制	控制	控制	控制
Observations	49 754	17 973	17 973	17 973
Pseudo R²	0.249	0.093 2	0.078 2	0.090 7

注：第(1)、(2)和(4)列为 Probit 回归，第(3)列为 Ordered Probit 回归。

（三）决策权配置的度量

如果采用异常的职工薪酬集中度（潘怡麟等，2018）度量决策权配置，重复检验，则回归结论不变。

七、进一步研究：管理层业绩预告的市场反应

当决策权集中时，高管会减少坏消息披露，降低坏消息披露精确性并增加外部归因以减轻坏消息的负面影响。那么，决策权配置将如何影响股票市场对业绩预告尤其是坏消息预告的反应呢？当高管只模糊披露无关痛痒的坏消息预告时，业绩预告信息含量较小，股票市场的反应较弱。

关于股票市场反应的回归结果如表 8.7 所示。因变量为业绩预告披露后 3 天内的累计超额收益乘以 10，基于 CAPM 模型，计算 $Beta$ 的窗口为预告前 200 个交易日。预告业绩（MF）为预告的利润除以年初股票总市值，如为区间预告则取区间中值；好消息预告（$GoodMF$）和坏消息预告（$BadMF$）为表示预告性质的虚拟变量。

表 8.7　　　　　决策权配置与管理层业绩预告的市场反应

变量	$MFCAR[0,3]$			
	(1) $Cen>0$	(2) $Cen<0$	(3) $Cen>0$	(4) $Cen<0$
MF	−0.156 7 (−0.254)	1.159 8** (2.061)	3.282 1** (2.316)	1.413 3 (1.178)
$GoodMF$			0.182 3*** (5.128)	0.146 3*** (4.171)
$BadMF$			0.061 4 (1.636)	−0.027 4 (−0.788)
$GoodMF \times MF$			−1.514 6 (−1.078)	−1.021 1 (−0.825)
BadMF × MF			−3.610 0** (−2.401)	−0.339 9 (−0.265)
控制变量	控制	控制	控制	控制
$Observations$	7 972	7 043	23 771	19 192
$Adjusted\ R^2$	0.062	0.053	0.037	0.034
组间系数比较				
χ^2	2.45		2.82	
p	0.117 6		0.093 3	

注：OLS 回归；除不含 ROA，控制变量设置与表 8.2 相同。

表 8.7 中第(1)列和第(2)列采用坏消息预告子样本,按决策权集中度是否大于 0 分组。预告业绩的回归系数在第(1)列中不显著,在第(2)列中为 1.159 8($t=2.061$,$p=0.040$),说明集权公司披露的坏消息预告没有信息含量,而分权公司披露的坏消息预告有信息含量,支持了上文的分析。第(3)列和第(4)列采用全部预告样本,同样按 Cen 是否大于 0 分组。交乘项 $BadMF \times MF$ 的回归系数在第(3)列中为 $-3.610\ 0$($t=-2.401$,$p=0.016$),在第(4)列中不显著,表明只有决策权集中的公司披露的好消息和坏消息业绩预告才会引发不对称的市场反应,可能因为集权高管有动机掩饰坏消息。总之,表 8.7 表明决策权越集中,股票市场对坏消息业绩预告的反应越弱,支持了前文的分析。

第三节 决策权配置与盈余管理

一、盈余管理文献回顾

在本章第一节介绍的信息披露文献的基础上,本章将回顾关于盈余管理的经验研究。

(一) 概述

本节研究的盈余管理狭义地指经理人通过会计选择控制或调整会计信息的过程,即"应计盈余管理"。盈余管理对企业披露的会计信息有重大影响,所以盈余管理行为是强制性信息披露文献主要的研究对象之一。典型的盈余管理手段包括改变会计政策和改变会计估计等。

大部分研究认为盈余管理意味着信息披露质量低,有损企业价值。在企业内部,投资决策者可能相信夸大的会计数据并进行相应投资,也有可能为了"圆谎"而过度投资,因而操纵盈余的企业普遍有过度投资行为(McNichols & Stubben, 2008)。对于外部投资者而言,盈余管理多则会计信息透明度低,股票收益率包含的特质性波动少;这些特质信息的最终披露易导致极端的股票市场表现,带来股价崩盘风险(Hutton et al.,2009)。

(二) 高管的盈余管理动机

在关于高管盈余管理动机的研究中,薪酬是最受关注的主题。早在1985年,Healy(1985)就研究了高管的奖励契约(Bonus Contract)对应计项披露策略的影响。他发现,当盈利低于奖励契约规定的下限或高于奖励契约规定的上限时,高管会用应计项降低盈利;而当盈利位于奖励契约规定的区间内时,高管会通过应计项增加盈利。Graver et al.(1995)以更大样本和操纵性应计的研究设计重复了Healy(1985)的研究,发现当盈利低于奖励契约下限时,高管选择正向操纵性应计,而当盈利高于奖励契约下限时,高管选择负向应计,他们认为这是高管的盈余平滑行为。Holthausen et al.(1995b)和Guidry et al.(1999)基于企业内部数据的研究与Healy(1985)相似。

之后,学者将目光由奖励契约转向股权激励。Bartov & Mohanram(2004)、Cheng & Warfield(2005)和Bergstresser & Philippon(2006)发现股权激励多或即将行权的高管以操纵性应计提高股价。McAnally et al.(2008)和Baker et al.(2009)则发现高管在期权授权前进行向下的盈余管理,尤其在企业很少实施期权激励的情况下。在国内研究中,肖淑芳等(2009)、张海平和吕长江(2011)也发现了股权激励授权前向下盈余管理、股权激励授权后向上盈余管理的现象。

关于薪酬与盈余管理的研究大部分以CEO薪酬为研究对象,少数研究聚焦于CFO薪酬对盈余管理的特殊影响。Jiang et al.(2010)发现应计盈余管理对CFO激励的敏感性大于对CEO股权激励的敏感性。Feng et al.(2011)比较了有无会计操纵的企业,发现其中CFO的股权激励差异不大,而CEO的股权激励差别很大,他们据此认为CFO是因为CEO的压力而参与盈余管理。

高管是否会为了维持控制而操纵盈余是一个不易检验的问题,少数研究提供了间接证据。DeAngelo(1988)研究陷入代理权之争(Proxy Contests)的企业发现,现任高管会利用会计选择向股东"描绘美好愿景",

"在野高管"一旦当选就会"洗大澡"并怪罪前任高管。之后许多研究发现,高管变更当年,继任高管会进行向下的盈余管理,暴露前任高管的"决策错误"(Pourciau,1993;朱星文等,2010;Fan et al.,2012;林永坚等,2013;魏春燕和陈磊,2015);又有研究发现高管在任期头几年和最后一年通过盈余管理调增利润(林永坚等,2013;Ali & Zhang,2015;许言等,2017)。高管采取以上行为的目标实质上都是改善股东对自身的印象,从而提升控制合法性。此外,Chen et al.(2015)发现临时 CEO 的盈余管理行为更多,而且调增利润的盈余管理越多,临时 CEO 获得永久职位的可能性越大,说明盈余管理有助于稳固高管对企业的控制。王克敏和刘博(2014)针对中国企业控制权转移事件的研究发现,为了帮助买方降低收购成本,高管普遍在控制权转移前进行调减利润的盈余管理,而且盈余管理越严重,控制权转移后高管留任的福利越多,表明高管利用盈余管理维持对企业的控制。

以上研究从一些角度揭示了高管以提高薪酬、维持控制为目的的盈余管理行为,对决策权配置与盈余管理关系的研究能补充上述文献。

二、理论分析

决策权越集中,高管通过盈余管理调增利润的动机越强。如前文所述,决策权越集中,高管能够获取的私人收益越多,维持控制的动机越强;决策权越集中,高管决策与企业业绩的关联越强,股东因业绩不佳而惩罚高管的可能性越大,所以高管有动机通过盈余管理减少坏消息的披露。当然,决策权集中时股东的监督能力优势可能压缩会计操纵空间,抑制盈余管理。由此,提出竞争性假说 3.2a 和 3.2b 如下:

假说 3.2a(策略性披露):企业内部决策权越集中,调增利润的盈余管理越多。

假说 3.2b(股东监督):企业内部决策权越集中,调增利润的盈余管理越少。

三、研究设计

关于盈余管理的研究一般用特定模型将总应计项划分为非操纵性应计

和操纵性应计,然后以操纵性应计项度量盈余管理程度。早年研究中,Healy(1985)直接比较了预期调增组和预期调减组的总应计,这种做法实际上是在假设其中一组样本总应计的均值为非操纵性应计。DeAngelo(1986)以滞后一期总应计为非操纵性应计。Dechow & Sloan(1991)估计了以总应计为因变量、以行业总应计中位数为自变量的模型,以模型预测值度量非操纵性应计。Jones(1991)认为非操纵性应计的估计需考虑企业的经营环境,提出了如式(8-2)所示的琼斯模型。式(8-2)的因变量为总应计,自变量包括总资产、销售收入变化量和固定资产。Dechow et al.(1995)认为式(8-2)会受到销售收入操纵的影响,主张对销售收入变化量进行修正,即将式(8-2)的估计系数代入式(8-3)计算非操纵性应计。Kothari et al.(2005)指出业绩会影响式(8-2)的估计,认为应该按业绩匹配样本或者在模型中加入业绩变量,然而他们警告采用这种方法难以识别与业绩相关的盈余管理。

$$TA_{i,t} = \alpha_1 \times \frac{1}{A_{i,t-1}} + \alpha_2 \times \frac{\Delta REV_{i,t}}{A_{i,t-1}} + \alpha_3 \times \frac{PPE_{i,t}}{A_{i,t-1}} + \varepsilon_{i,t} \quad (8-2)$$

$$NDA_{i,t} = \widehat{\alpha_1} \times \frac{1}{A_{i,t-1}} + \widehat{\alpha_2} \times \frac{\Delta REV_{i,t} + \Delta REC_{i,t}}{A_{i,t-1}} + \widehat{\alpha_3} \times \frac{PPE_{i,t}}{A_{i,t-1}} \quad (8-3)$$

本书认为掩饰不良业绩是集权高管盈余管理行为的重要动因,所以没有采用 Kothari et al.(2005)的方法,而是估计了 Dechow et al.(1995)的修正琼斯模型。具体而言,本书对式(8-2)进行分年度分行业的回归,将估计系数对应代入式(8-3)计算非操纵性应计,然后计算操纵性应计。

本节回归模型的控制变量包括基础变量以及审计质量($Big4$)、分析师关注($Analyst$)和表示业绩消息低于预期的虚拟变量($Fail$)。如果现金流收益率低于年度行业中位数,则 $Fail$ 取 1。模型中还控制了市场板块固定效应。

四、盈余管理回归结果

(一)主要回归结果

表 8.8 报告了关于盈余管理的回归结果。第(1)列为全样本回归结果,

第(2)列和第(3)列为按 DA 正负值分组后的回归结果。决策权集中度的回归系数分别为 0.004 4、0.002 3 和 0.002 2，说明决策权集中时，高管倾向于进行调增利润的盈余管理，支持了假说 3.2a。第(1)列的回归结果表明，决策权集中度每提升一个标准差，操纵性应计增加 5.05%（=Cen 系数×Cen 标准差/DA 第一个与第三个四分位点差值=0.004 4×0.869 3/0.075 7）。

表 8.8　　　　　　　　　　决策权配置与盈余管理

变量	DA (1)	(2) >0	(3) <0
Cen	0.004 4*** (7.226)	0.002 3*** (3.767)	0.002 2*** (3.293)
Size	−0.000 9 (−1.101)	−0.000 9 (−1.159)	0.000 1 (0.113)
ROA	0.517 2*** (33.453)	0.383 5*** (22.541)	0.218 4*** (13.905)
MB	−0.001 0*** (−4.631)	0.001 1*** (5.700)	−0.002 1*** (−9.650)
Risk	−0.022 9** (−2.471)	0.026 1*** (2.786)	−0.045 0*** (−4.362)
Lev	0.023 4*** (6.107)	0.033 7*** (9.263)	−0.014 0*** (−3.332)
SOE	−0.004 3*** (−3.108)	−0.007 1*** (−5.829)	0.003 3** (2.166)
Age	−0.005 3*** (−3.571)	0.000 0 (0.016)	−0.004 8*** (−3.050)
Mono	0.002 6 (0.146)	−0.006 4 (−0.390)	−0.009 5 (−0.454)
Overseas	−0.004 8*** (−3.964)	−0.002 6** (−2.356)	−0.001 1 (−0.798)
IndDiv	0.000 3 (0.349)	−0.000 8 (−1.085)	0.001 7* (1.916)
Board	0.007 6** (2.352)	0.001 4 (0.470)	0.008 1** (2.315)
Indepen	0.004 7 (0.442)	0.008 9 (0.855)	0.000 1 (0.006)
Dual	0.001 7 (1.407)	0.001 8 (1.513)	−0.000 4 (−0.284)

续　表

变量	DA (1)	DA (2) >0	DA (3) <0
$FirstShr$	−0.004 3 (−1.134)	0.000 1 (0.018)	−0.011 9*** (−2.880)
$MngHld$	0.000 3 (0.264)	−0.001 4 (−1.205)	0.002 2 (1.625)
$Big4$	−0.010 8*** (−4.342)	−0.010 2*** (−4.792)	0.001 1 (0.440)
$Analyst$	0.004 5*** (7.399)	0.002 2*** (3.748)	0.000 6 (0.902)
$Fail$	0.084 1*** (79.040)	0.044 4*** (41.630)	0.033 5*** (29.475)
$Constant$	−0.047 3** (−2.429)	−0.000 9 (−0.049)	−0.055 9*** (−2.601)
固定效应	控制	控制	控制
$Observations$	20 091	9 537	10 554
$Adjusted\ R^2$	0.388	0.251	0.175

注：OLS回归。

控制变量的回归结果表明，高质量审计能够抑制操纵性应计，尤其是正向操纵。分析师跟踪多、业绩不尽如人意的公司操纵性应计更多，体现了资本市场压力的作用。

（二）稳健性检验

如果用未经修正的琼斯模型或包含业绩变量的琼斯模型估计残差度量盈余管理，重复检验，则回归结论不变。

如果采用异常的职工薪酬集中度（潘怡麟等，2018）度量决策权配置，重复检验，则回归结论不变。

五、盈余管理调节因素

本书通过向表8.8所示的模型中加入调节变量与决策权集中度的交乘项检验影响决策权配置作用的因素，回归结果如表8.9所示。

表 8.9　　　　　　　　　　决策权配置与盈余管理：调节因素

变　量	DA (1)	DA (2)	DA (3)
Cen	0.003 7*** (5.389)	0.002 5*** (2.777)	0.001 7* (1.724)
$AccMng$	−0.003 8*** (−3.056)		−0.003 8*** (−3.051)
$AccMng \times Cen$	**0.002 7*** **(1.868)**		**0.002 6*** **(1.869)**
$Fail$	0.083 9*** (78.485)	0.084 1*** (79.101)	0.083 8*** (78.541)
$Fail \times Cen$		**0.003 5*** **(2.834)**	**0.003 7*** **(2.998)**
控制变量	控制	控制	控制
$Observations$	18 917	20 091	18 917
Adjusted R^2	0.392	0.388	0.392

注：OLS 回归，控制变量设置与表 8.8 相同。

（一）高管财会专业能力

如果集中决策权改变高管动机从而增加盈余管理，则高管财会专业能力越强，这种增加作用越强。

蔡春等(2013)发现高管的审计背景导致财务报告质量下降、审计风险上升，说明职业背景与高管的财会专业能力有关。为了验证以上分析，原模型加入了高管财会专业能力($AccMng$)与Cen的交乘项，其中虚拟变量$AccMng$表示CEO的职业背景含金融或财务。由于CFO的职业背景大概率包含金融或财务，因此此处以CEO的职业背景度量高管团队的财会专业能力。CSMAR的高管职业背景数据始于2008年，所以有关检验的样本略小。

表 8.9 第(1)列中，交乘项系数为 0.002 7($t=1.868$，$p=0.062$)，表明高管财会专业能力强时决策权集中度与盈余管理的正向关系更密切，支持了以上分析。$AccMng$的回归系数为−0.003 8($t=−3.056$，$p=0.002$)，可能是因为决策权分散时高管的盈余管理动机弱，财会专业能力强的高管主要起抑制盈余管理的作用。

这一检验有助于排除一个替代性解释。本章主要分析决策权配置如何通过改变高管动机作用于信息披露,然而许多信息是部门经理报告给高管、高管汇总披露的,决策权配置也有可能改变部门经理报告的信息从而影响信息披露。由此,表8.8的发现可以解释为,当决策权集中时,部门经理为了影响高管的决策而吹嘘业绩。如果这一解释成立,即集中决策权不影响高管动机,而是通过降低部门经理报告信息的质量来增加盈余管理,那么高管的财会专业能力就不会影响决策权配置与盈余管理的关系,甚至高管能力越强,决策权配置与盈余管理的关系越弱。表8.9第(1)列的结果反驳了这一解释,支持了前文的分析。

(二) 低于预期的业绩

与其他业绩消息相比,低于预期的业绩消息对于股东对高管评价的影响尤为消极,所以高管一般努力避免披露这类"坏消息"(Matsumoto, 2002)。与"好消息"相比,披露坏消息招致的惩罚对集权高管私人收益的损害更甚,因此集权高管注重掩饰坏消息。

为了验证以上分析,原模型加入了表示业绩消息低于预期的虚拟变量($Fail$)与 Cen 的交乘项。表8.9第(2)列中,$Fail$ 的回归系数为0.084 1($t=79.101, p<0.001$),可见业绩不佳的公司普遍向上管理盈余。交乘项系数为0.003 5($t=2.834, p=0.005$),说明业绩消息低于预期时决策权集中度与盈余管理的正向关系更密切,支持了前文的分析。

表8.9第(3)列将两个交乘项同时纳入回归,结论基本一致。表8.9的结果表明,集中决策权确实通过改变高管动机增加了盈余管理。

六、进一步研究:年报盈利信息的市场反应

如果当决策权集中时,会计信息较多地受到高管盈余管理的干扰,不能很好地反映基本面、为投资者提供估值有用信息,那么信息披露引发的市场反应就比较弱。由此,本书检验了决策权配置与年报盈利反应系数的关系。因变量 $ReportCAR$ 为年报发布前5天至发布后10天的累计超额收益乘100,SUE 为标准化未预期盈利,计算方式为:首先,基于随机游走模型,以

本期 EPS 与上期 EPS 之差度量未预期盈余(UE)，EPS 为半年度每股收益；然后，对未预期盈余进行标准化，分母为半年度 t 及过去 4 个半年度未预期盈余的标准差。

如表 8.10 所示，SUE 的回归系数显著为正，而交乘项系数为 -0.2603 ($t=-2.445$，$p=0.015$) 和 -0.2487 ($t=-2.412$，$p=0.016$)，决策权越集中，市场对年报盈利的反应越弱，支持了前文的分析。

表 8.10　　　　　　　决策权配置与盈利信息市场反应

变　量	ReportCAR[−5,10]			
	(1)		(2)	
	回归系数	t 统计量	回归系数	t 统计量
SUE	0.1821**	(2.105)	0.3350***	(3.853)
Cen	0.0662	(0.594)	−0.0405	(−0.361)
Cen×SUE	**−0.2603****	(−2.445)	**−0.2487****	(−2.412)
控制变量			控制	
Observations	16 730		16 730	
Adjusted R^2	0.001		0.060	

注：OLS 回归；除 ROA 外，控制变量设置与表 8.8 相同。

本 章 小 结

本章从信息披露的角度研究了决策权配置对高管信息隐瞒行为的影响。当决策权集中时，高管能利用权力获得私人收益，股东能在高管个人投入与企业业绩之间建立明确联系，以披露信息评价高管，所以高管有动机策略性披露信息以改善股东的评价，维持私人收益。经验证据显示，决策权越集中，管理层业绩预告中的坏消息占比越小，坏消息预告的精确性越低，外部归因占比越大；企业内部决策权越集中，调增利润的盈余管理越多，尤其是在高管有财会专业能力和业绩低于预期的情况下；决策权集中度与年报盈利和坏消息业绩预告的市场反应有负向关系。

第九章 "见微知萌"：决策权配置与分析师行为

圣人见微以知萌,见端以知末,故见象箸而怖,知天下不足也。

——《韩非子·说林上》

第一节 理论分析与研究假说

一、研究问题

本书第八章的分析和检验显示,为了掩饰不作为、维护手中的权力,高管策略性地披露信息,欺瞒外部人。那么,外部人是否甘心受骗？决策权配置如何影响外部人对高管的监督？分析师是资本市场上重要的信息中介,为投资者提供信息搜集服务,所以本章将从分析师行为的角度一窥决策权配置对外部监督的影响。

分析师虽然以搜集信息和估值为专职,但其利益与投资者不完全一致。有关文献虽然证明分析师的盈利预测包含增量信息,即分析师向投资者提供了决策有用信息,但也指出分析师有发布误导性研究报告的动机。分析师可能为争取投行业务、提高经纪业务佣金收入或者换取高管私人信息而发布偏向企业的研究报告。所以,分析师的行为动机是复杂的,决策权配置与分析师盈利预测的关系值得深入分析。另外,文献认为分析师有信息解读和信息发现两种功能,信息披露质量不足既有可能增大分析师预测难度,也有可能扩大市场对分析师预测的需求,提高分析师预测的收益。

本章的主要观点:首先,集中决策权增强了高管行为与企业业绩的关联,能降低分析师预测的成本;其次,集中决策权降低信息披露质量,既有可能增加分析师准确预测的成本,也有可能提高分析师为市场提供信息的收益;最后,集权高管有动机要求分析师发布误导性盈利预测,降低盈利预测准确性。所以,决策权配置与分析师盈利预测准确性有何关系是一个需要实证检验的复杂问题。

经验证据显示:决策权越集中,分析师跟踪越多,分析师盈利预测分歧越不受影响;决策权越集中,分析师盈利预测误差越小;新任高管削弱了决策权配置与分析师盈利预测误差的关系;管理层业绩预告披露越多,决策权配置与分析师盈利预测误差的关系越密切。这些结果说明集中决策权能降低分析师预测成本并扩大市场信息需求,促使分析师搜集信息。进一步检验发现,决策权越集中,分析师盈利预测的股票市场反应越强。

本章从分析师的角度研究了决策权配置对外部监督的影响,证明了集中决策权降低信息搜集成本的作用。本章的发现证明了分析师发现信息的功能,补充了分析师盈利预测准确性的影响因素相关文献。

二、分析师文献回顾

(一)长期声誉与短期经济利益的权衡

证监会颁布的《中国证券业协会证券分析师职业道德守则》(中证协发〔2005〕100号)主张分析师应恪守独立诚信、谨慎客观、勤勉尽职、公正公平的原则,利用优于普通投资者的信息搜集途径和专业分析能力,为投资者提供关于证券内在价值的信息。

分析师可以大致分为"买方"分析师(Buy-side Analyst)和"卖方"分析师(Sell-side Analyst)。买方分析师从属于基金和保险公司等投资机构,为本公司提供分析报告;卖方分析师则来自证券公司,向投资者提供研究报告。卖方分析师是有关文献主要的研究对象,卖方分析师报告包含盈利预测、股票价值估计、推荐意见以及对应的理论分析等内容。

卖方分析师通常不向投资者收费,而是通过协助提高证券公司的承销业务承销额和经纪业务交易额来获得奖励。为了增加佣金收入,分析师经常发布偏向公司客户的误导性研究报告,然而误导性研究报告会使分析师丧失投资者信任。所以,分析师需要在误导投资者以获取短期经济利益与建立长期声誉之间进行权衡(Jackson,2005)。研究发现分析师确能为投资者提供决策有用信息,但是逐利动机会损害分析师报告的信息含量。

现有研究从多个角度证明了分析师报告的决策有用性。较早的研究发现,分析师盈利预测优于基于朴素时间序列模型的预测(Brown & Rozeff, 1978；Fried & Givoly, 1982；Brown et al., 1987；O'Brien, 1988)。国内研究发现,中国分析师盈利预测的准确性高于基于年度历史数据的统计模型,但是不及某些以季度历史数据为基础的统计模型(岳衡和林小驰,2008);分析师盈利预测准确性在"熊市"环境下高于随机游走模型,在"牛市"环境下则逊于随机游走模型(李丽青,2012)。又有研究发现,根据分析师盈利预测构造投资组合能够获得超额收益(Givoly & Lakonishok, 1979；Abdel-khalik & Ajinkya, 1982；Elgers et al., 2001；Green, 2006；吴东辉和薛祖云,2005；张然等,2017),说明在不完全有效的市场中,分析师为市场提供了有助于投资决策的私人信息。

分析师活动影响了股价信息含量。Chan & Hameed(2006)发现分析师跟踪越多,股价越多地反映市场层面信息,股价同步性越高；朱红军等(2007)和姜超(2013)则认为分析师能够增加股价中的公司基本面信息,降低股价同步性。伊志宏等(2019)研究了分析师报告文本,发现报告中公司特质信息含量越高,股价同步性越低。Crawford et al.(2012)认为跟踪公司的第一个分析师主要提供市场和行业信息,会提高股价同步性,后续增加的分析师则主要提供公司特质信息,因此会降低股价同步性。无论是市场和行业信息,还是企业特质信息,这些研究都体现了分析师的信息搜集者角色。

最后,研究表明分析师所在的证券公司重视研究报告质量：Mikhail

et al.(1999)发现预测准确性低于其他分析师的分析师更容易被替换；Altınkılıç et al.(2019)和 Kempf(2020)发现投资银行倾向于雇用预测准确的分析师，并会约束分析师发布有偏报告、"懈怠"报告以及参与业绩指引博弈(Earnings Guidance Game)。这些制度保障了分析师报告的质量。

但是，分析师可能出于多种目的发布误导性研究报告：

首先，大量研究证明投行业务使分析师面临利益冲突。与没有承销关系的分析师相比，承销商分析师的预测对公司更有利(Lin & McNichols,1998)；分析师的意见由买入和持有降级的速度更慢，由持有升级的速度更快；分析师在发行后更快更频繁发布推荐意见，放弃跟踪的可能性更小(O'Brien et al.,2005)；分析师预测准确性与推荐意见盈利性的关系更弱(Ertimur et al.,2007)；承销商分析师推荐的股票在推荐前、推荐时和推荐后的业绩表现都更差(Michaely & Womack,1999)。IPO 后，承销商常利用乐观但偏颇的分析师报告托市(James & Karceski,2006；Bradley et al.,2008；Huyghebaert & Xu,2016；潘越等,2011)。Kadan et al.(2009)和 Chen & Chen(2009)研究削弱分析师与投行部门相互依赖、提升分析师独立性的政策发现，政策实施后，分析师正面推荐意见的信息含量上升，推荐意见与股票内在价值的关系更加密切，可见投行业务给分析师带来了压力。

其次，分析师为提升自营业务盈利性而发布误导性研究报告。Mola & Guidolin(2009)发现对于有从属关系的共同基金投资的股票，分析师更多地发布频繁且有偏的推荐意见。曹胜和朱红军(2011)与姜波和周铭山(2015)在中国市场中也发现了相似的现象。

再次，为了提高经纪业务佣金收入，分析师应客户要求而发布偏颇报告。Firth et al.(2013)和 Gu et al.(2013)的研究表明，对于经纪业务机构客户持有的股票，分析师提出了偏高的推荐意见。

有时，分析师以研究报告迎合公司高管是为了获取私人信息，从而提高后续盈利预测的准确性。Das et al.(1998)发现公司盈余的预测难度越大，分析师盈利预测越乐观；Chen & Matsumoto(2006)与赵良玉等(2013)发现发布乐观评级报告的分析师，之后的盈利预测更准确；Ke & Yu(2006)则发现，先发布乐观预测，再在业绩宣告前发布悲观预测的分析师，盈利预测更准确。另外，Westphal & Clement(2008)认为高管与分析师之间存在互惠互助的关系：高管披露负面信息时，通过给予分析师个人或专业上的"恩惠"，使其提出积极的推荐意见；负面的意见则会使高管做出负面反馈。

最后，分析师可能用研究报告讨好未来雇主。Horton et al.(2017)发现，对于潜在雇主，银行分析师当年第一次盈利预测更积极，最后一次预测则更消极，这种行为能够帮助分析师跳槽到高声誉银行。Lourie(2019)发现分析师任职最后一年为未来雇主发布了更多乐观预测，为非雇主发布了更多悲观预测。

现有文献并未关注企业内部的决策权配置与分析师行为的关系。本书将分析决策权配置如何影响分析师提供决策有用信息或发布误导性报告的行为，从而就分析师盈利预测的准确性提出假说。

（二）信息解读和信息发现功能

作为信息提供者，分析师具有信息解读和信息发现两种功能。相应地，分析师发布的信息与企业披露的信息有两种关系。

如果分析师主要发挥信息解读功能，那么分析师发布的信息与企业披露的信息是互补品，信息披露质量越高，分析师发布的信息越有价值。研究证明，信息披露质量越高，分析师跟踪越多，盈利预测越准确（Lang & Lundholm, 1996; Hope, 2003; 白晓宇, 2009; 曲晓辉和毕超, 2016）；盈余宣告后，分析师集中发布研究报告，解读会计信息，满足投资者的信息需求（Yezegel, 2015; Lawrence et al., 2017）。针对特定披露途径或披露内容的研究发现，分部报告（Baldwin, 1984）、社会责任报告（Dhaliwal et al., 2012）、业绩预告（王玉涛和王彦超, 2012; 李馨子和肖土盛, 2015）、微博（胡军和王甄, 2015; 胡军等, 2016）、业绩说明会（林乐和谢德仁, 2017）、风险信息（王雄元等, 2017）以及研发信息（李岩琼和姚颐, 2020）的披露影响分析师盈利预测和股票推荐，可见分析师能够解读这些信息。

如果分析师主要发挥信息发现功能，那么分析师发布的信息与企业披露的信息就互为替代品，信息披露质量越低，分析师发布的信息越有价值。关注分析师信息发现功能的研究较少：Bryan & Tiras(2007)发现，当信息不对称程度高时，分析师不再依赖会计基本面，而是转向非会计信息；Lehavy et al.(2011)研究年报文本信息发现，年报可读性越弱，分析师跟踪越多，投入的努力越多，研究报告信息含量越多；Jennings(2019)发现股东提起针对高管的诉讼后，高管提供的信息减少，而分析师报告的信息含量增加。

分析师的信息解读和信息发现功能是同时存在并动态变化的。Chen et al.(2010)与薛祖云和王冲(2011)发现，盈余宣告前，分析师倾向于披露年报中尚未披露的信息，扮演信息发现者的角色；盈余宣告后，分析师主要起到解读信息的作用。Huang et al.(2017)对比了分析师研究报告和电话会议文本，发现分析师既解读电话会议涉及的话题，又讨论电话会议中缺失的话题，而投资者同时看重分析师的两种功能。

本书第八章发现集中决策权会降低信息披露质量。在以上文献的基础上，本书将分析决策权配置如何通过影响信息披露作用于分析师行为。

三、理论分析

决策权配置对分析师行为的影响是复杂的。

集中决策权能够降低分析师搜集决策有用信息的成本。当决策权集中时，高管行为与企业业绩之间的关联比较紧密，分析师可以通过分析历史信息学习高管行为与企业业绩之间的关联，然后观察高管并对其未来行为建立预期，最后在此预期的基础上预测企业业绩。当决策权分散时，由于政出多门，分析师无法凭借高管行为与企业业绩的关联进行预测，因此需要考虑部门层面的因素，采用更为复杂的预测逻辑。所以，决策权越集中，分析师准确预测盈利的成本越低。

通过企业信息披露，决策权配置对分析师盈利预测有两种可能的影响：一方面，当决策权集中时，信息披露质量不高，分析师需要投入大量成本搜集信息，准确预测的成本高。当然，根据前文分析，此时分析师可能减少对披露信息的依赖，转而以其他信息为基础进行预测。另一方面，当决策权集中时，投资者从公开信息披露中获得的信息有限，对分析师活动的需求大。此时分析师搜集信息的收益大，因而有动机为投资者提供准确预测。

本书第八章认为集中决策权增强了高管策略性披露信息的动机；相似地，集权高管可能要求分析师披露误导性研究报告。一则，集权高管可以从权力中获取私人收益；二则，当决策权集中时，高管投入与企业业绩关系明确，股东能利用业绩信息评价高管。为了给股东留下好印象，维持权力和私人收益，集权高管可能督促与其有互惠关系的分析师发布偏颇的报告，然后以投行业务、经纪业务或者私人信息回馈分析师。当决策权分散时，高管没有维持权力的压力，股东也不能以其掌握的企业业绩信息准确判断高管投入，因而高管要求分析师协助其误导投资者的动机比较弱。由此，决策权越集中，分析师发布误导性报告的动机越强，盈利预测越不准确。

如果集中决策权降低预测成本或者增大市场信息需求的作用占主导地位，那么决策权越集中，分析师盈利预测越准确；相反，如果集中决策权增大高管"收买"分析师动机或者降低信息披露质量的作用占主导地位，那么决策权越集中，分析师盈利预测准确性越低。由此，提出竞争性假说 4a 和 4b 如下：

假说 4a(预测成本和市场信息需求)：企业内部决策权越集中，分析师盈利预测越准确。

假说 4b(合谋和信息披露)：企业内部决策权越集中，分析师盈利预测越不准确。

第二节　经　验　证　据

一、研究设计

分析师研究报告样本为上市公司每个会计年度年初至年报披露前发布的分析师盈利预测。如果同一分析师同年发布多次盈利预测，则关注其最后一次预测。此处计算了如下变量：

(1) 分析师跟踪数($Analyst$)为本年发布盈利预测的分析师团队数加

1 取自然对数。

（2）在有三个以上分析师团队跟踪的情况下，预测分歧 $AnaDisp1$ 为预测每股盈利的标准差除以平均值，$AnaDisp2$ 为预测每股盈利的标准差除以年初股票价格。

（3）分析师预测误差 $AnaError1$ 即分析师预测每股盈利与本年实现的基本每股收益差异的绝对值，除以 0.5 加基本每股收益绝对值；而 $AnaError2$ 的分母为年初股票价格。

除了基本控制变量，本章模型还控制了是否新任高管（$NewCEO$）和管理层业绩预告数（$MFNum12$）。$NewCEO$ 为虚拟变量，如果上一年 CEO 有变更则取 1，否则取 0。$MFNum12$ 为管理层针对年度累计利润的预告数。

表9.1列示了分析师盈利预测的分布情况。2007年至2017年20 092个公司-年度观测中有15 563个观测有分析师跟踪。在研究区间内，有分析师跟踪的公司占所有公司的比例有所增加，从2007年的58.51%提高至2011年的84.43%，然后稳定在80%上下。2007年，平均有3.25个分析师团队跟踪A股上市公司；2009年至2015年，平均分析师团队数由8.26个跌至7.00个；2017年，这一数据回升为8.60个。按盈利预测偏差方向分类统计显示，绝大多数情况下预测盈利低于实际盈利。

二、分析师盈利预测误差回归结果

（一）主要回归结果

在检验决策权配置与分析师盈利预测误差的关系前，本书检验了决策权配置对分析师跟踪数（$Analyst$）和盈利预测分歧（$AnaDisp1$ 和 $AnaDisp2$）的影响，结果如表 9.2 所示。在第（1）列中，决策权集中度的回归系数为 0.119 6（$t=7.892$，$p<0.001$），说明决策权越集中，分析师跟踪越多，这可能是因为集中决策权降低了分析师预测成本，扩大了投资者的信息需求。决策权集中度每增加一个标准差，分析师跟踪增加 6.53%（$=Cen$ 系数 $\times Cen$ 标准差/$Analyst$ 均值$=0.119\,6\times 0.869\,3/1.592\,5$）。

第九章 "见微知萌"：决策权配置与分析师行为

表9.1 分析师盈利预测分布

单位：个

项　目	2007年	2008年	2009年	2010年	2011年	2012年	2013年	2014年	2015年	2016年	2017年	合　计
所有观测	1 104	1 191	1 288	1 336	1 631	1 986	2 098	2 140	2 243	2 507	2 568	**20 092**
有分析师跟踪观测	646	821	999	1 061	1 377	1 561	1 562	1 644	1 827	2 101	1 964	**15 563**
跟踪占比（%）	58.51	68.93	77.56	79.42	84.43	78.60	74.45	76.82	81.45	83.81	76.48	77.46
分析师跟踪观测数	3 588	8 487	10 645	12 776	15 527	18 562	17 536	16 016	15 712	20 642	22 087	161 578
平均跟踪数（所有观测）	3.25	7.13	8.26	9.56	9.52	9.35	8.36	7.48	7.00	8.23	8.60	8.04
按预测偏差方向分类												
上偏	91	532	461	300	363	855	547	551	891	669	418	5 678
下偏	3 497	7 955	10 184	12 476	15 164	17 707	16 989	15 465	14 821	19 973	21 669	155 900

表 9.2　　　　　　　　　　决策权配置与分析师跟踪

变　量	(1) Analyst	(2) AnaDisp1	(3) AnaDisp2
Cen	**0.119 6***** **(7.892)**	−0.055 8 (−1.042)	−0.077 4 (−0.682)
Size	0.668 6*** (39.045)	0.409 5*** (6.384)	1.607 8*** (11.354)
ROA	8.614 9*** (30.608)	−42.566 2*** (−20.595)	−21.365 5*** (−6.007)
MB	0.035 5*** (8.141)	0.218 0*** (8.319)	−0.134 1*** (−3.163)
Risk	0.739 9*** (3.850)	1.183 5 (1.422)	14.490 1*** (7.915)
Lev	−0.925 0*** (−9.758)	−1.463 7*** (−4.102)	4.560 3*** (6.293)
SOE	−0.196 1*** (−5.260)	0.054 7 (0.475)	−0.427 0 (−1.605)
Age	−0.398 9*** (−9.568)	0.362 8*** (3.294)	1.620 0*** (6.792)
Mono	−0.177 0 (−0.558)	2.076 4 (1.639)	3.813 0 (1.469)
Overseas	0.084 3*** (2.671)	−0.005 2 (−0.051)	−0.207 1 (−0.950)
IndDiv	−0.142 7*** (−7.007)	−0.075 8 (−1.057)	−0.059 4 (−0.392)
Board	0.228 1*** (2.687)	0.337 5 (1.258)	0.345 6 (0.501)
Indepen	−0.164 8 (−0.594)	−0.311 1 (−0.342)	0.492 5 (0.245)
Dual	0.089 9*** (3.040)	−0.037 1 (−0.390)	−0.380 7* (−1.927)
FirstShr	−0.264 6** (−2.552)	0.609 2* (1.875)	0.993 3 (1.298)
MngHld	0.243 0*** (7.427)	−0.257 0* (−1.926)	−0.475 3* (−1.694)
NewCEO	−0.218 8*** (−8.565)	0.240 8 (1.576)	0.137 6 (0.498)

续 表

变 量	(1) Analyst	(2) AnaDisp1	(3) AnaDisp2
MFNum12	0.046 8 (1.572)	2.258 9*** (16.928)	4.586 0*** (15.659)
Constant	−13.211 8*** (−31.650)	−7.120 5*** (−4.442)	−38.373 9*** (−10.148)
固定效应	控制	控制	控制
Observations	20 092	11 953	11 953
Pseudo/Adjusted R^2	0.182	0.243	0.224

注：第(1)列为左截尾为 0 的 Tobit 回归，第(2)列和第(3)列为 OLS 回归。

第(2)列和第(3)列中 Cen 的回归系数不显著（$p=0.298$，0.495），意味着决策权配置并未影响分析师预测分歧。Lang & Lundholm(1996)认为分析师预测分歧源自不同分析师所拥有信息的差异或所用模型的差异。决策权配置既会影响分析师的预测逻辑，也会影响其拥有的信息。未能观察到决策权集中度与分析师预测分歧之间存在显著关系可能是因为这些作用恰好抵消。控制变量的回归结果显示：新任高管减少分析师跟踪；管理层发布的业绩预告越多，分析师预测分歧越大。

表 9.3 报告了关于分析师盈利预测误差的回归结果。Cen 的回归系数分别为 −0.091 8（$t=-4.122$，$p<0.001$）和 −0.079 3（$t=-4.147$，$p<0.001$），可知决策权越集中，分析师盈利预测误差越小，预测准确性越高，支持了假说 4a。这一结果说明集中决策权降低预测成本或增大市场信息需求的作用大于其增强高管收买动机或降低信息披露质量的作用。第(1)列结果表明，决策权集中度每提升一个标准差，分析师盈利预测误差减小 4.33%（= Cen 系数 × Cen 标准差/AnaError1 均值 = −0.091 8 × 0.836 0/1.771 5）。由控制变量的回归结果可知：新任 CEO 能够在一定程度上减少盈利预测误差；业绩预告披露越多，分析师预测误差越大。

表 9.3　　　　　　　　　　决策权配置与分析师盈利预测误差

变量	(1) $AnaError1$ 回归系数	t 统计量	(2) $AnaError2$ 回归系数	t 统计量
Cen	−0.091 8***	(−4.122)	−0.079 3***	(−4.147)
$Size$	0.097 1***	(3.926)	0.131 8***	(6.241)
ROA	−17.194 7***	(−32.879)	−14.048 6***	(−22.289)
MB	0.067 5***	(6.640)	0.033 7***	(4.283)
$Risk$	2.460 4***	(6.911)	−0.223 5	(−0.815)
Lev	−0.652 5***	(−4.639)	0.238 4**	(2.065)
SOE	−0.155 5***	(−3.248)	0.027 5	(0.662)
Age	0.118 4***	(2.630)	0.291 6***	(7.834)
$Mono$	−1.128 5**	(−2.006)	−0.249 2	(−0.623)
$Overseas$	0.004 3	(0.105)	0.006 9	(0.206)
$IndDiv$	−0.064 9**	(−2.321)	−0.007 4	(−0.323)
$Board$	−0.179 1	(−1.565)	−0.149 7	(−1.551)
$Indepen$	−0.182 7	(−0.477)	−0.161 1	(−0.521)
$Dual$	0.066 5	(1.513)	−0.035 5	(−1.073)
$FirstShr$	0.236 8*	(1.856)	0.111 6	(1.039)
$MngHld$	0.010 5	(0.230)	−0.086 1**	(−2.083)
$NewCEO$	−0.095 3*	(−1.863)	0.027 3	(0.619)
$MFNum12$	0.683 2***	(14.321)	0.688 9***	(16.633)
$Constant$	−0.733 7	(−1.138)	−1.374 1**	(−2.505)
固定效应	控制		控制	
$Observations$	15 563		15 563	
$Adjusted\ R^2$	0.202		0.256	

注：OLS 回归。

（二）稳健性检验

为了维持权力，集权高管有很强的动机达到或超过分析师盈利预测。由于盈利预测误差指标是以实现业绩为基础计算的，因此，如果高管通过真实和应计盈余管理使盈利恰好达到分析师预测，那么盈利预测误差指标取值就可能是绝对值较小的负数。为了进一步支持前文的观点，此处按分析师盈利预测是否高于实际业绩对样本进行分组。如果高管操纵是决策权配置与分析师盈利预测误差关系的唯一原因,那么决策权集中度与因变量的负相关关系应该只出现在实际业绩大于分析师盈利预测的分组中。如表 9.4 所示,在盈利预测偏高和偏低组中,Cen 都与分析师盈利预测误差负相关,所以盈余操纵不是唯一解释,$AnaError1$ 和 $AnaError2$ 指标可以度量盈利预测误差。

表 9.4　　　决策权配置与分析师盈利预测误差:按误差正负分组

变　量	$AnaError1$		$AnaError2$	
	(1) 偏高	(2) 偏低	(3) 偏高	(4) 偏低
Cen	−0.080 3***	−0.049 8**	−0.061 8***	−0.056 0**
	(−3.031)	(−2.488)	(−2.887)	(−2.334)
控制变量	控制	控制	控制	控制
$Observations$	12 153	3 294	12 153	3 294
$Adjusted\ R^2$	0.218	0.126	0.330	0.219

注:OLS 回归,控制变量设置与表 9.3 相同。

分析师发布盈利预测时一般会提供对于股票的推荐意见。Malmendier & Shanthikumar(2014)指出,出于取悦管理层并误导散户投资者的目的,分析师有可能提出乐观推荐意见,但是发布乐观偏差不那么强的盈利预测。为了研究集中决策权是否促使分析师采用这种策略,本书检验了 Cen 与分析师推荐意见的关系。在 CSMAR 数据库分类的基础上,本书将分析师评级意见分为"卖出""减持""中性""增持""买入"五类,依序按−2 至 2 赋值后作为因变量。Cen 自身和 Cen 与盈利预测交乘项的回归系数都不显著,可见决策权配置没有改变盈利预测与推荐意见之间的关系,即分析师并未采用以上策略。

如果采用异常的职工薪酬集中度(潘怡麟等,2018)度量决策权配置,重复检验,则回归结论不变。

三、分析师盈利预测误差调节因素

本书通过向表 9.3 所示的模型中加入调节变量与决策权集中度的交乘项检验影响决策权配置作用的因素,回归结果如表 9.5 所示。

表 9.5　　　　　决策权配置与分析师盈利预测误差：调节因素

变量	(1) AnaError1	(2) AnaError1	(3) AnaError1
Cen	−0.107 3*** (−4.732)	−0.021 5 (−0.681)	−0.038 2 (−1.177)
NewCEO	−0.089 8* (−1.750)	−0.094 4* (−1.844)	−0.089 1* (−1.736)
NewCEO×Cen	**0.130 1** (2.093)**		**0.125 4** (2.017)**
MFNum12	0.682 6*** (14.292)	0.681 6*** (14.337)	0.681 0*** (14.311)
MFNum12×Cen		**−0.133 3*** (−2.641)**	**−0.130 0** (−2.568)**
控制变量	控制	控制	控制
Observations	15 563	15 563	15 563
Adjusted R^2	0.202	0.202	0.203

注：OLS 回归,控制变量设置与表 9.3 相同。

（一）新任高管

集权高管的行为与企业业绩关联紧密,分析师可以通过分析历史信息学习高管行为与企业业绩之间的关联,在了解这种关联的基础上预测业绩,所以集中决策权能够降低分析师预测成本。然而,如果缺乏历史信息,则分析师一方面无法理解高管行为与企业业绩的关联,另一方面难以对高管行为建立预期,集中决策权降低预测成本的作用明显较弱。

为了检验以上分析,模型加入了新任高管虚拟变量(NewCEO)与 Cen 的交乘项,回归结果如表 9.5 第(1)列所示。NewCEO 的回归系数显著为负,意味着新任高管会降低盈利预测误差。"新官上任三把火",新任高管的行为具有典型特征,这种特征有助于降低盈利预测难度。交乘项 NewCEO×Cen 的回归系数为 0.130 1($p=2.093$, $t=0.036$),表明在有新任高管的公司中,集中决策权降低分析师预测误差的作用相对较弱,为以上分析提供了证据。虽然交乘项回归系数看似大于 Cen 回归系数的绝对值,但是检验显示 Cen 与交乘项系数之和并不异于 0,也就是说,在有新任高管的公司中,集中决策权并不会显著增加分析师预测误差。

关于高管变更的检验有助于排除一个替代性解释。本书依赖现金流集中度为自变量,这一变量与分析师盈利预测误差负相关可能是因为当 Cen 足够大时,分析师只需预测母公司的现金流,而与子公司相比,分析师更容易获得母公司的信息,所以预测总成本比较低。关于高管变更的检验结果直接验证了集中决策权加强高管行为与业绩关联从而降低分析师预测成本的逻辑。

(二)管理层业绩预告

本书第八章发现,决策权越集中,管理层业绩预告的策略性披露越多。信息披露质量的下降一方面提高了分析师预测的难度,另一方面扩大了市场的信息需求,提高了分析师搜集信息的收益。如果前一作用是主导,那么来自高管的策略性披露越多,分析师越受误导,预测难度越大;如果后一作用是主导,那么策略性信息披露越多,投资者对分析师活动的需求越强。

为了检验以上分析,模型加入了管理层业绩预告数($MFNum12$)与 Cen 的交乘项。$MFNum12$ 的回归系数显著为正,说明管理层业绩预告越多,分析师受误导越多,预测误差越大。交乘项 $MFNum12 \times Cen$ 的回归系数在表9.5第(2)列中为 -0.1333($p=-2.641$,$t=0.008$),可见决策权集中时,策略性披露扩大了市场对分析师准确预测的需求。

表9.5第(3)列将两个交乘项同时纳入回归,结论基本一致。表9.5的结果表明,集中决策权确实通过降低预测成本、扩大市场信息需求提高了分析师盈利预测的准确性。

四、进一步研究:分析师盈利预测的市场反应

本章的主要检验在公司-年度层面进行,如果在公司-分析师-年度层面检验决策权配置与分析师盈利预测误差的关系,则回归结果如表9.6所示。如果同一分析师同年对同一家公司发布多次盈利预测,则将其最后一次预测纳入样本。除了前述控制变量,这一模型中还控制了分析师团队跟踪公

司的时长（$History$）、首席分析师性别（$Gender$）、团队有无星级分析师（$Star$）、分析师所在券商当年跟踪的公司数（$Institute$）以及盈利预测发布月固定效应。Cen 的回归系数分别为 -0.0546（$t=-2.522$，$p=0.012$）和 -0.0321（$t=-2.272$，$p=0.023$），支持了表 9.3 的结论，即集中决策权降低分析师盈利预测误差。

表 9.6　决策权配置与分析师盈利预测误差：公司-分析师-年度样本

变　量	(1) $AnaError1$ 回归系数	(1) $AnaError1$ t 统计量	(2) $AnaError2$ 回归系数	(2) $AnaError2$ t 统计量
Cen	-0.0546**	(-2.522)	-0.0321**	(-2.272)
$Size$	0.1120***	(4.932)	0.1235***	(7.205)
ROA	-12.5821***	(-21.347)	-5.7946***	(-12.442)
MB	0.0702***	(7.467)	-0.0022	(-0.385)
$Risk$	3.0618***	(9.013)	1.0091***	(4.526)
Lev	-0.6136***	(-4.537)	0.3790***	(4.075)
SOE	-0.1413***	(-2.871)	0.0087	(0.246)
Age	0.1309***	(2.785)	0.2305***	(7.347)
$Mono$	-0.2753	(-0.553)	-0.1085	(-0.394)
$Overseas$	-0.0228	(-0.576)	-0.0205	(-0.734)
$IndDiv$	-0.0749***	(-2.743)	0.0088	(0.475)
$Board$	-0.0554	(-0.474)	-0.0050	(-0.059)
$Indepen$	0.0061	(0.015)	0.1868	(0.687)
$Dual$	0.0701	(1.535)	-0.0220	(-0.776)
$FirstShr$	0.0549	(0.424)	0.0654	(0.685)
$MngHld$	-0.0031	(-0.070)	-0.0501	(-1.568)
$NewCEO$	-0.0730	(-1.484)	0.0158	(0.497)
$MFNum12$	0.5707***	(12.670)	0.4997***	(14.533)
$History$	0.0738***	(5.684)	0.0353***	(4.191)
$Gender$	-0.0176	(-1.314)	-0.0210**	(-2.359)
$Star$	0.0264*	(1.930)	0.0071	(0.817)
$Institute$	-0.0115	(-1.230)	0.0093*	(1.679)
$Constant$	0.9984	(1.507)	-1.1678**	(-2.558)
固定效应	控制		控制	
$Observations$	161 578		161 578	
Adjusted R^2	0.293		0.278	

注：OLS 回归。

控制变量的回归结果说明：分析师跟踪公司的时间越长,盈利预测误差越大,这可能是分析师与高管合谋的结果;女性分析师的盈利预测误差较小,可能是因为在性别歧视下,只有能力出众的女性才能进入分析师行业(Kumar,2010;伊志宏等,2015)。令人略感意外的是,明星分析师并未提供质量更高的盈利预测,盈利预测误差甚至更大,这可能是因为《新财富》分析师评选存在缺陷(吴偎立等,2016)。

本书第八章发现,集中决策权削弱了管理层业绩预告和年报盈利信息的市场反应。既然集中决策权提高了分析师盈利预测的准确性,就应增强市场对分析师预测的反应。相应的检验结果如表9.7所示,因变量分别为分析师盈利预测发布3日内和5日内的累计超额收益乘100,未预期盈利预测(UFEPS)为分析师预测盈利与上年实现盈利的差异。在第(2)列和第(4)列中,Cen的回归系数不显著,但是交乘项$Cen \times UFEPS$的系数分别为3.1891($t=2.276$,$p=0.023$)和3.8915($t=2.393$,$p=0.017$),说明决策权越集中,投资者对分析师盈利预测的反应越大,分析师提供的信息越重要。

表9.7　　　　　决策权配置与分析师盈利预测的市场反应

变　量	AFCAR[0,3]		AFCAR[0,5]	
	(1)	(2)	(3)	(4)
UFEPS	10.0290*** (7.550)	10.1560*** (7.637)	11.0510*** (7.361)	11.2059*** (7.412)
Cen	0.0693* (1.930)	0.0393 (1.056)	0.0698* (1.724)	0.0332 (0.779)
Cen×UFEPS		3.1891** (2.276)		3.8915** (2.393)
控制变量	控制	控制	控制	控制
Observations	147 927	147 927	147 924	147 924
Adjusted R^2	0.019	0.019	0.014	0.014

注：OLS回归;除ROA外,控制变量设置与表9.3相同。

本 章 小 结

本章从分析师的角度研究了决策权配置对外部监督的影响。分析师的本职是为投资者提供信息服务,但是多方利益冲突使其行为动机复杂化。当决策权集中时,高管行为与企业业绩的关联能够降低分析师预测成本,但是高管有动机要求分析师发布误导性盈利预测;集中决策权降低信息披露质量,既有可能增加分析师准确预测的成本,也有可能提高分析师为市场提供信息的收益。经验证据显示,决策权越集中,分析师盈利预测误差越小;新任高管削弱了这一关系,但是管理层业绩预告越多,这一关系越强。进一步检验显示决策权集中度与分析师盈利预测的市场反应正相关。

第十章 内 生 性

第一节 决策权配置的内生性

"当我们深思熟虑地考察自然界或者人类历史或我们自己的精神生活时,首先呈现在我们眼前的,是一幅由种种联系和相互作用无穷无尽地交织起来的画面。"①在普遍联系的世界中,任何经济学研究都无法逃离内生性桎梏。内生性破坏了参数估计的一致性,使得回归结果失去经济含义,经验研究丧失价值。然而,正因为内生性问题无处不在,所以绝不能因噎废食,不能为了避免内生性方面的非难而放弃重要的研究问题。

决策权配置的内生性是显而易见的:

第一,现金流集中度不是决策权配置的完美度量指标,存在度量误差。然而,非系统性度量误差会增大发现显著结果的难度;在有度量误差的情况下仍能发现显著的结果,说明理论分析是可靠的。如本书第四章所述,现有的决策权配置指标各有缺陷,能与上市公司其他数据结合提供丰富的研究视角,并且便于复制研究结果。

第二,本书的发现可能受到联立性偏误的影响。现金持有、投资、信息

---

① 中共中央马克思恩格斯列宁斯大林著作编译局.马克思恩格斯全集[M].北京:人民出版社,2006.

披露和分析师行为可能不是决策权配置的经济后果,而是其影响因素。但是,目前各方面经验证据均支持本书提出的理论框架;并没有能够解释现金持有、投资、信息披露和分析师活动对决策权配置影响的替代性理论。本书第三章指出,决策权配置具备路径依赖性,所以本年新增投资、信息披露和分析师预测并不能轻易撼动决策权配置。

第三,本书的研究设计可能有遗漏变量。比如,决策权集中度与创新投资规模貌似正相关可能是因为某种因素既提高了决策权集中度,又扩大了创新投资规模。相似地,决策权配置与现金持有、信息披露和分析师行为之间的关系可能由遗漏变量驱动。为了缓解遗漏变量问题,本书已经参考现有文献在模型中加入了丰富的控制变量,但是始终难以穷尽。本章将采用工具变量法进一步缓解研究中的内生性问题。

第二节 工 具 变 量

一、以权力距离为工具变量

本书第三章认为,由于文化带来的决策权配置偏好,权力距离远的文化中企业的决策权一般比较集中。本书第五章以企业所在地一定距离内明清官学的数量度量企业所在地的权力距离,发现这一指标与决策权集中度显著正相关。地区文化对于个体企业而言是相对外生的,因而以权力距离作为决策权集中度的工具变量进行了两阶段回归。

表 10.1 报告了两阶段回归结果,因变量为本书第六章至第九章主要检验的因变量。由该表可见,当因变量为创新投资规模($RDInvest$)、包含坏消息的管理层业绩预告数($BadNum$)、坏消息业绩预告的外部归因占比($External\_Bad$)以及分析师跟踪数($Analyst$)时,第二阶段回归系数显著异于 0,且符号方向与原表一致。这些结果为决策权配置与投资规模、策略性信息披露及分析师行为之间的因果关系提供了一定的证据。

表 10.1 两阶段回归

序号	因变量	原表	回归方法	第二阶段回归系数	第二阶段 t 或 z 统计量	观测数
(1)	$Cash$	表 6.1	OLS	−0.008 6	(−0.231)	20 092
(2)	$PPEInvest$	表 7.1	OLS	1.725 6	(1.141)	20 078
(3)	$RDInvest$	表 7.4	Tobit	3.686 2*	(1.898)	17 419
(4)	$BadNum$	表 8.2	Tobit	−0.626 1*	(−1.861)	19 988
(5)	Bad	表 8.3	Tobit	−0.605 1	(−1.528)	15 325
(6)	$Form\_Bad$	表 8.3	OLS	0.000 3	(0.001)	7 163
(7)	$External\_Bad$	表 8.3	Tobit	0.879 0*	(1.849)	7 163
(8)	DA	表 8.8	OLS	−0.020 8	(−1.278)	20 091
(9)	$Analyst$	表 9.2	Tobit	1.062 3**	(2.334)	20 092
(10)	$AnaError1$	表 9.3	OLS	−0.683 5	(−1.290)	15 563
(11)	$AnaError2$	表 9.3	OLS	−0.279 9	(−0.684)	15 563

注：控制变量设置与原表相同。

二、排他性约束

工具变量需要满足排他性约束(Exclusion Restriction)，即其影响被解释变量的唯一途径是与其相关的内生解释变量(处理变量)。遗憾的是，企业所在地附近的明清官学数量只是一个貌似足够外生(Plausibly Exogenous)的工具变量，现有文献一般用此指标度量儒家文化，而儒家文化有可能通过决策权配置以外的途径影响本书的被解释变量。

在创新投资方面，Weber(1951)认为"中国人非常惧怕未知的和不能直接看到的东西……他们还排斥或者根本没有关于不算太近的东西或不是直接有用的东西的知识"，所以儒家文化不利于创新。徐细雄和李万利(2019)认为儒家文化对企业创新有双重影响：一方面，儒家文化价值体系中蕴含重视和激发创新变革的思想，比如缓解代理冲突的"忠信"伦理、对教育的重视、诚信思想和"居安思危"的忧患意识；另一方面，儒家文化强调等级、秉承中庸之道、倡导集体主义并否定竞争和冲突，可能约束创新。在信息披露方面，徐细雄等(2020)认为儒家文化将诚信视为立身处世之本，主张言语谨慎、行为稳健,故而可以改善信息披露质量。所以,当被解释变量为创新投资和信息披露有关变量时,明清官学分布度量的儒家文化可能影响高管和员工的思想,从而改变企业决策。

另外,地方官学通常集中分布在人口密集、经济发展水平高的地区,而地区的人口和经济福利很有可能从明清两代绵延至今,所以周边地方官学多的企业可能因这些福利而具有某些特征,比如创新水平高、分析师盈利预测准确。由于以上两类替代性解释,$Confu$ 变量无法完全满足排他性约束。

Angrist et al.(2010)提出了一种支持排他性约束的非正式检验方法。直观地说,如果采用第一阶段效应为 0 即工具变量与处理变量无关的子样本,在被解释变量对工具变量的简化形式回归中,替代性路径应当浮现;如果此子样本中工具变量不影响被解释变量,或者影响相对于其他子样本明显较弱,则能够支持工具变量的外生性。[①] 这一非正式检验无法充分验证工具变量的外生性,但是有助于树立对工具变量的信心。此处采用央企子样本进行这一检验。央企的决策权配置在很大程度上由其最终控制人即中央政府部门决定,受地方文化影响小,所以在此子样本中,工具变量与决策权配置关系比较弱。此外,央企雇用地方员工,而且能够享受地方的人口和经济红利,如果 $Confu$ 变量通过儒家文化或地方经济发展水平影响企业,那么在央企子样本中,$Confu$ 就仍应与被解释变量有关。如果在央企中 $Confu$ 与被解释变量无关,那么至少就这一子样本而言,上述替代性解释并不存在。

表 10.2 用央企子样本重复了表 5.7 的检验,即检验了工具变量与决策权配置的关系,相当于两阶段回归的第一阶段回归结果。$Confu$ 的回归系数均不显著,可见央企子样本中的工具变量与决策权配置无关,与上述分析一致。

[①] Angrist et al.(2010)采用有无双胞胎和同性兄弟姐妹作为子女数量的工具变量。他们认为来自非洲和亚洲的犹太人以及生下第一个孩子时年龄小的母亲受工具变量的影响较小。在这些子样本中,工具变量对处理变量没有影响或影响较小,为工具变量的排他性约束提供了支持。

表 10.2　　　　　　　工具变量与决策权配置：央企子样本

变量	Cen 回归系数	t 统计量
$Confu$（地方文化权力距离）	−0.120 6	(−1.345)
$Size$（资产规模）	−0.037 3	(−1.180)
ROA（盈利水平）	1.139 8**	(2.388)
MB（成长性）	−0.000 1	(−0.015)
$Risk$（经营风险）	0.530 7	(1.316)
Lev（财务杠杆）	−0.072 8	(−0.379)
Age（年龄）	−0.020 1	(−0.246)
$Mono$（市场竞争）	−0.299 7	(−0.582)
$Overseas$（境外经营）	−0.182 8***	(−2.750)
$IndDiv$（行业多元化）	−0.067 3*	(−1.928)
$Board$（董事会规模）	−0.119 7	(−0.669)
$Indepen$（独立董事）	−0.550 3	(−1.215)
$Dual$（两职合一）	−0.019 1	(−0.234)
$FirstShr$（大股东持股）	0.336 6	(1.535)
$MngHld$（高管持股）	−0.047 5	(−0.852)
$Constant$	1.278 1	(1.548)
固定效应	控制	
$Observations$	2 964	
$Adjusted\ R^2$	0.092	

注：OLS 回归。

表 10.3 报告了以部分主要变量为因变量，以工具变量为自变量的简化形式回归结果。当因变量为创新投资规模（$RDInvest$）、坏消息业绩预告数（$BadNum$）和坏消息业绩预告外部归因占比（$External\_Bad$）时，央企子样本中 $Confu$ 的回归系数不显著，而其他样本中 $Confu$ 的回归系数显著异于 0；当因变量为分析师跟踪数（$Analyst$）时，$Confu$ 在央企子样本中的回归系数小于其他样本的回归系数。由此可见，在地方文化不影响决策权配置的央企子样本中，文化变量并未如有关文献预期的那样直接作用于创新投资、信息披露和分析师行为。工具变量的合理性得到了支持。

表 10.3　　　　　　　　工具变量与经济后果简化形式回归

序号	因变量	原表	回归方法	央企子样本 回归系数	t 统计量	其他样本 回归系数	t 统计量
(1)	$RDInvest$	表 7.4	Tobit	0.208 1	(0.580)	0.369 2**	(2.482)
(2)	$BadNum$	表 8.2	Tobit	0.024 2	(0.388)	−0.069 1**	(−2.437)
(3)	$External\_Bad$	表 8.3	Tobit	0.138 9	(0.938)	0.120 0**	(2.085)
(4)	$Analyst$	表 9.2	Tobit	0.070 2*	(1.878)	0.124 6***	(7.646)

注：控制变量设置与原表相同。

本 章 小 结

本书研究的决策权配置问题无可避免地受到自变量度量误差、联立性偏误和遗漏变量等内生性问题的困扰。本章以企业所在地一定距离内明清官学的数量为工具变量，为决策权配置与投资、信息披露和分析师行为的因果关系提供了证据。央企子样本的回归结果支持该工具变量满足排他性约束。

第十一章 结 论

第一节 总 结

　　本书以中国上市企业集团为样本深入研究了企业内部决策权配置的经济后果。决策权配置是指高管与部门经理之间决策权的分散与集中。当决策权分散时,部门经理在决策过程中有比较大的自主性,高管通过考核结果约束部门经理的行为;当决策权集中时,高管在决策过程中直接扮演重要角色,向部门经理发布命令。就对企业内部资源分配效率的影响而言,分散决策权和集中决策权各有相对优势和不足。当决策权分散时,部门经理自发地使用信息;但是对企业而言,分散决策权有三个方面的成本,即部门经理自利行为带来的成本、部门间外部性导致的成本以及多部门合作时部门间的交易成本。集中决策权有助于节约以上三类成本,但是会产生信息成本和激励不足导致的成本。所以,决策权配置对企业内部资源分配效率有多重影响,有待实证检验。

　　进一步地,如果考虑高管的代理人角色,那么决策权配置可能影响高管隐瞒信息的行为和外部监督。当决策权集中时,为了维护从权力中获得的私人收益,高管可能欺瞒外部人;同时,决策权集中则高管行为与企业业绩关联强,这一方面进一步增强了高管隐瞒信息的动机,另一方面降低了外部人监督高管的成本。

由于决策权配置不易量化，因此现有研究大多依赖调查数据或企业内部数据。本书创造性地以中国上市企业集团为样本，以企业集团的现金流在母公司的异常集中度度量企业内部决策权的集中度。这一指标假设现金流的分布能反映有关决策权的分布，而且母公司和子公司之间的决策权配置能反映企业集团整体的决策权配置情况。具体而言，本书计算了母公司的关键现金流即员工薪酬、毛利和投资与合并报表对应项目之比，然后采用主成分分析法取现金流集中度的第一主成分，最后估计以该主成分为因变量，以母公司相对规模为自变量的模型，将残差作为决策权集中度的代理变量。与现有指标相比，现金流集中度指标能与上市公司其他数据结合，提供丰富的研究视角，便于复制研究结果，综合性强。本书第五章从与其他指标的比较、基本性质、影响因素和直接后果几个角度提供了支持指标经济含义的证据。

本书第六章和第七章从现金持有和投资的角度研究了决策权配置对企业内部资源分配效率的影响。关于现金持有的经验证据显示，决策权越集中，现金持有越少，持有现金的市场价值越高，说明集中决策权通过抑制部门经理自利行为和促成多部门合作提高了现金持有决策的效率。在投资方面，本书检验了决策权配置与固定资产投资和创新投资的关系。证据显示，决策权越集中，固定资产投资规模越大，尤其是在部门间地理距离远的企业中；决策权越集中，创新投资规模越大，尤其是在设有专职研发中心、部门间地理距离远、高管创新能力和意愿强、财务杠杆低以及市场竞争程度低的企业中。决策权集中度与固定资产投资的价值和探索性创新占创新投资的比重正相关。这些证据说明集中决策权有助于内部化外部性并协调多部门，从而促进有效投资。

为了研究决策权配置如何影响高管隐瞒信息的行为，本书第八章分别检验了决策权配置对管理层业绩预告和盈余管理的影响。证据显示，决策权越集中，企业披露的坏消息预告越少，坏消息预告占所有预告的比例越小；坏消息预告的披露精确性越低，越多地被归因于外部因素；决策权越集中，坏消息业绩预告的市场反应越弱，好消息和坏消息预告市场反应的不对称性越强;决策权越集中,调增利润的应计盈余管理越多;当高管财会专业能力强、企业业绩低于预期时,决策权配置与盈余管理之间的关系更密切;决策权越集中,年报盈利的市场反应越弱。这些证据表明,决策权集中时,为了维持权力,高管通过策略性披露隐瞒了对其不利的信息。

最后,本书第九章从分析师行为的角度研究了决策权配置对外部监督的影响。研究发现,决策权越集中,分析师盈利预测误差越小;新任高管削弱了决策权配置与分析师盈利预测误差的关系,但是管理层业绩预告的披露加强了这一关系;决策权越集中,分析师盈利预测的市场反应越强。这些证据说明决策权集中时,分析师可以凭借高管行为与企业业绩之间的关联,准确预测企业业绩。

为了缓解研究中可能存在的遗漏变量等内生性问题,本书第十章以企业所在地一定距离内明清地方官学数量度量地方文化的权力距离,作为工具变量。两阶段回归的结果在一定程度上支持了决策权配置与投资、信息披露和分析师行为之间的因果关系。

本书的理论创新在于以交易成本理论为基础诠释了决策权配置,全面分析了决策权配置对资源分配效率的影响,放松了高管与企业利益一致的假设,分析了决策权配置对外部监督的影响,并就现金持有、投资、信息披露和分析师行为提出了研究假说。本书的方法创新在于以中国上市企业集团公开披露的财务数据为基础提出了决策权配置的指标。本书不但补充了决策权配置文献,而且相应填补了现金持有、信息披露和分析师等文献的空白。

第二节 启 示

由理论分析和经验证据可知,对于有"寡多益寡""力出一孔"需求的企业而言,集中决策权是适宜的;但是集权高管可能"掩得天下目",此时外部人需要"见微知萌"。

首先,集中决策权有利于减少部门经理的自利行为,内部化部门间外部性并促成多部门合作,从而节约现金,增加固定资产投资和创新投资。所以,当部门经理有很强的自利倾向、部门间外部性强或各部门自行磋商的成本特别高时,企业应当集中决策权。

其次,关于创新投资的证据显示,当高管有创新能力和意愿时,集中决策权促进创新投资的作用更强;关于盈余管理的证据显示,当高管有财会特长时,集中决策权增加盈余管理的作用更强。可见,当决策权集中时,政出一门,高管的能力和品质对企业决策有关键性影响,此时应特别关注对管理人才的遴选和培育。

再次,当决策权集中时,为了维护权力和私人收益,高管策略性地披露信息,减少坏消息业绩预告,改变坏消息预告的披露形式,并通过盈余管理调增利润。因此,当决策权集中时,外部人应当注意高管的信息披露策略,避免受其误导,并应加强对高管行为的治理。

最后,关于分析师行为的证据表明,当决策权集中时,分析师可以通过学习高管行为与企业业绩之间的关联预测业绩。由此,当决策权集中时,利益相关者可以利用这种关联增进对企业经营情况的理解,并且应当关注多种信息来源。

第三节　局限性及展望

本书有若干局限之处,留待未来研究解决。

在理论方面,已有文献从行为学和社会学视角研究决策权配置,认为决策权具有超出工具价值的内在价值,卸责也是分权的重要动机。本书不以行为学和社会学为基础理论,所以没有将这些观点纳入分析框架。后续研究可以尝试以这些观点为基础,分析决策权配置的经济后果。

为了简化分析,本书首先在"高管的行为目标是最大化企业价值"的假设下分析了决策权配置对企业内部资源分配效率的影响,从现金持有和投资的角度开展检验,然后放松了这一假设,着重分析决策权配置对外部监督的影响,从信息披露和分析师行为的角度进行检验。然而,决策权配置也可能通过影响股东和高管的代理关系作用于现金持有和投资,或者通过影响部门经理的行为改变信息披露和分析师行为。本书没有在理论分析中讨论这些可能性,在实证检验部分略有涉及。

由于篇幅限制,在对决策权配置经济后果的具体分析中,本书撷取了现金持有、投资、信息披露和分析师行为四个视角。虽然文献普遍认为企业在这四个方面的决策或表现对企业价值有决定性作用,但是本书无疑遗漏了许多同样重要的视角,比如税负、审计和债权人等。未来研究可以沿用本书的理论框架,分析决策权配置的其他经济后果。

在经验研究方面,本书主要有以下局限性:

首先,本书以中国上市企业集团为样本开展研究,但是相对于其他国家而言,中国文化的权力距离较远。决策权配置在中国企业中产生的作用可能与其在其他国家企业中的作用不同。比如,集中决策权实现"力出一孔"的作用可能在中国企业中独有,而部分国家的员工可能特别厌恶集权,集中决策权的正面作用微乎其微。本书至少发现了中国文化背景下决策权配置的经济后果,未来研究可以以其他国家的企业为样本,检验本书结论的外部有效性。

其次,基于现金流集中度的决策权配置指标并不完美。本书试图以经验证据支持指标的经济含义,但是该指标的内部有效性有待进一步加强。未来如果能够深入企业开展调研,将能为现金流集中度指标提供有力的支持。另外,现金流集中度指标试图衡量的是各类决策权整体的配置情况。如果集团对某类决策有特殊安排,比如强调员工在创新中的作用,那么创新决策权的配置就可能与其他决策权有差异。所以在部分经验研究中,比如创新投资部分,这一指标的度量误差较大。

最后,本书创新性地以企业所在地附近明清官学的数量度量地方文化中的权力距离,作为决策权配置的工具变量,以求缓解内生性问题,然而这一工具变量不能完全满足排他性约束。未来研究应当继续寻找关于决策权配置的工具变量和外生冲击。

附　录

附录 A　全部变量定义和计算方式

变　　量	经济含义	计　算　方　式
第五章			
C	现金流集中度	员工薪酬集中度、毛利集中度和投资集中度的第一主成分。集中度即母公司报表与合并报表对应项目之比，员工薪酬为支付给职工以及为职工支付的现金，毛利为销售商品、提供劳务收到的现金与购买商品、接受劳务支付的现金之差，投资为构建长期资产和取得子公司支付的现金。按 $[0,1]$ 区间对各比例进行了缩尾
$PAsset$	资产集中度	母公司总资产与合并报表总资产之比。母公司总资产已减母公司报表与合并报表长期股权投资之差
Cen	决策权集中度	以现金流集中度为因变量，以资产集中度为自变量，按年和行业分组回归后的估计残差
$Confu$	地方文化权力距离	公司所在地 200 千米内明清官学数，单位为"百所"
$Size$	资产规模	总资产取自然对数
ROA	盈利水平	净利润除以总资产
MB	成长性	股票市值除以净资产
$Risk$	经营风险	日收益率全年标准差，乘以 10

续表

变量	经济含义	计算方式
Lev	财务杠杆	总负债除以总资产
SOE	产权性质	虚拟变量,最终控制人为县市级以上部门取1,否则取0
Age	年龄	公司成立年数取自然对数
$Mono$	市场竞争	以同行业公司销售收入计算的 Herfindahl-Hirschman 指数
$Overseas$	境外经营	虚拟变量,公司有境外子公司取1,否则取0
$IndDiv$	行业多元化	利润表附注披露的行业或产品数,取自然对数
$Board$	董事会规模	董事人数取自然对数
$Indepen$	独立董事	独立董事占董事比例
$Dual$	两职合一	虚拟变量,董事长兼任 CEO 取1,否则取0
$FirstShr$	大股东持股	第一大股东持股比例
$MngHld$	高管持股	虚拟变量,高管持股取1,否则取0
$Tight$	内部控制严格程度	财务报告内部控制重大缺陷比例下限折算为绝对金额,舍去负值,在不同项目间求最小值,除以上期营业收入,再乘以1 000并取相反数
$Weakness$	内部控制缺陷	虚拟变量,本年出现内部控制缺陷取1,否则取0
$Quality$	内部控制质量	迪博内部控制指数除以100
$Comove1$	母公司和子公司经营同步性	本年及未来一年共八个季度,母公司和子公司销售收入的相关系数,乘以10。以合并报表销售商品、提供劳务收到的现金与母公司对应现金流之差作为子公司销售收入,如果差值小于0则视为缺失
$Comove2$	母公司和子公司经营同步性	本年及未来一年共八个季度,母公司和子公司经营活动现金流量净额的相关系数,乘以10。以合并报表和母公司报表对应现金流之差作为子公司经营活动现金流量净额
第六章		
$Cash$	现金持有	货币资金、交易性金融资产和短期投资净额之和除以总资产
TQ	企业价值	股票总市值与负债账面价值之和除以总资产

续表

变量	经济含义	计算方式
$Earn$	现金回报	以经营活动产生的现金流量净额为基础。现金持有价值模型变量的具体定义见第六章,下同
NA	非现金资产	以总资产与现金资产之差为基础
$CapEx$	固定资产投资	以固定资产本期增量为基础
$IntExp$	利息	以财务费用为基础
Div	现金股利	以分配股利、利润或偿付利息支付的现金为基础
第七章		
$PPEInvest$	固定资产投资规模	固定资产原值本期增量除以总资产,乘以100
PPE	固定资产密度	固定资产除以总资产
$SubDis$	部门间地理距离	任两家境内子公司之间的地理距离总和,除以子公司数,单位为"万千米"
$PPEImpair1$	固定资产减值	虚拟变量,本年固定资产减值准备增加取1,否则取0
$PPEImpair2$	固定资产减值	虚拟变量,年末固定资产减值准备非0取1,否则取0
DA	盈余管理	修正的琼斯模型按年和行业分组回归的估计残差
$RDInvest$	创新投资规模	研发投入除以营业收入,乘以100
$Subsidy$	政府补助	政府补助除以营业收入,乘以100
$RDCenter$	专职研发中心	虚拟变量,子公司中含专职研发中心取1,否则取0。如果子公司主营业务含"研""技术""试验",但不含"房地产""土地""制""生产""销""咨询""推广""服务""施工""管理""营""出口""加工""检测""教育""发行"等关键词,则认为该子公司是专职研发中心
$TechMng$	高管技术背景	虚拟变量,高管团队内有职业背景含生产、研发或设计的取1,否则取0
$Willing$	创新倾向	年报管理层讨论与分析文本的创新得分,乘以100
$PatOutput$	专利产出	本年专利申请总数,加1取自然对数
$InputPerPat$	创新项目规模	研发投入除以本年专利申请数,取自然对数

续 表

变量	经济含义	计算方式
$IPCPerPat1$	创新投资综合性	本年申请的发明专利和实用新型专利平均对应的 IPC 分类数,精确分类
$IPCPerPat2$	创新投资综合性	本年申请的发明专利和实用新型专利平均对应的 IPC 分类数,只考虑 IPC 分类前六位
$InventRatio$	创新投资创造性	发明专利申请数除以专利申请总数
$NewIPC1$	创新投资创造性	本年专利申请首次涉及的 IPC 分类数除以发明专利和实用新型专利申请数之和,精确分类
$NewIPC2$	创新投资创造性	本年专利申请首次涉及的 IPC 分类数除以发明专利和实用新型专利申请数之和,只考虑 IPC 分类前六位
$CitePerPat1$	创新成果价值	专利平均被引次数,从申请日至 2019 年 3 月
$CitePerPat2$	创新成果价值	专利平均被引次数,申请日后三年内
$IntanImpair1$	创新成果价值	虚拟变量,本年无形资产减值准备增加取 1,否则取 0
$IntanImpair2$	创新成果价值	虚拟变量,年末无形资产减值准备非 0 取 1,否则取 0
第八章		
$GoodNum$	好消息预告数	好消息预告的数量加 1 取自然对数,将预盈、预增、减亏和减降预告认定为好消息
$NeuNum$	中性预告数	中性消息预告的数量加 1 取自然对数,将预平预告认定为中性消息
$BadNum$	坏消息预告数	坏消息预告的数量加 1 取自然对数,将预亏、预警、预降和减增预告认定为坏消息
$Good$	好消息占比	好消息预告占所有业绩预告的比例
Bad	坏消息占比	坏消息预告占所有业绩预告的比例
$Big4$	高质量审计	虚拟变量,审计师为四大会计师事务所的取 1,否则取 0
$Analyst$	分析师跟踪	发布盈利预测的分析师团队数,加 1 取自然对数
$absDA$	盈余质量	修正的琼斯模型按年和行业分组回归的估计残差,取绝对值
SEO	再融资	虚拟变量,当年有增发配股事件取 1,否则取 0
$Insider$	内部人交易	内部人净买入的股数除以总股数

续 表

变量	经济含义	计算方式
$Optim\_Bad$	坏消息乐观偏差	预告业绩高于实现业绩的预告占坏消息预告的比例
$Form\_Bad$	坏消息披露精确性	定序变量,当年披露坏消息预告所采用的精确性最低的形式,取值 0~3 分别表示定性、无限区间、有限区间和点值
$External\_Bad$	坏消息外部归因	预测原因为"外部市场与行业"或"税负"的预告占坏消息预告的比例
$Optim\_Good$	好消息乐观偏差	预告业绩高于实现业绩的预告占好消息预告的比例
$Form\_Good$	好消息披露精确性	定序变量,当年披露好消息预告所采用的精确性最低的形式,取值 0~3 分别表示定性、无限区间、有限区间和点值
$External\_Good$	好消息外部归因	预测原因为"外部市场与行业"或"税负"的预告占好消息预告的比例
$Optim$	乐观偏差	虚拟变量,预告业绩高于实现业绩取 1,否则取 0
$Form$	披露精确性	定序变量,当年披露业绩预告所采用的精确性最低的形式,取值 0~3 分别表示定性、无限区间、有限区间和点值
$External$	外部归因	预测原因为"外部市场与行业"或"税负"的预告占业绩预告的比例
$MFCAR[0,3]$	业绩预告市场反应	业绩预告发布 3 日股价累计超额收益,以窗口期前 200 个交易日计算 $beta$,基于市场模型计算,乘以 10
MF	预告业绩	预告的利润除以年初股票总市值,如为区间预告则取区间中值
$GoodMF$	好消息预告	虚拟变量,业绩预告为好消息预告取 1,否则取 0
$BadMF$	坏消息预告	虚拟变量,业绩预告为坏消息预告取 1,否则取 0
$Fail$	业绩坏消息	虚拟变量,本年经营活动现金净流量与总资产之比低于行业中位数取 1,否则取 0
$AccMng$	高管财会专业能力	虚拟变量,CEO 职业背景含金融或财务取 1,否则取 0
$ReportCAR[-5,10]$	年报市场反应	年报发布前 5 日至发布后 10 日股价累计超额收益,以窗口期前 200 个交易日计算 $beta$,基于市场模型计算,乘以 100

续表

变量	经济含义	计算方式
SUE	标准化未预期盈余	基于随机游走模型，以本期 EPS 与上期 EPS 之差度量未预期盈余，EPS 为半年度每股收益；然后对未预期盈余进行标准化，分母为半年度 t 及过去 4 个半年度未预期盈余的标准差
第九章		
$AnaDisp1$	分析师预测分歧	分析师预测每股盈利的标准差，除以平均预测，乘以 10
$AnaDisp2$	分析师预测分歧	分析师预测每股盈利的标准差，除以年初股票价格，乘以 100
$NewCEO$	新任高管	虚拟变量，上一年 CEO 变更取 1，否则取 0
$MFNum12$	业绩预告数	管理层针对年度累计利润的预告数，加 1 取自然对数
$AnaError1$	分析师预测误差	分析师预测每股盈利与实际每股盈利之差，除以实际每股盈利绝对值加 0.5，取绝对值，乘以 10。公司-年度层面以分析师平均预测计算
$AnaError2$	分析师预测误差	分析师预测每股盈利与实际每股盈利之差，除以年初股票价格，取绝对值，乘以 100。公司-年度层面以分析师平均预测计算
$History$	跟踪历史	分析师跟踪公司年数加 1 取自然对数
$Gender$	分析师性别	虚拟变量，首席分析师为女性取 1，否则取 0
$Star$	明星分析师	虚拟变量，分析师团队内含《新财富》获奖分析师取 1，否则取 0
$Institute$	券商跟踪公司数	分析师所在券商本年跟踪的公司数，取自然对数
$AFCAR[0,3]$	分析师预测市场反应	分析师报告发布 3 日股价累计超额收益，以窗口期前 200 个交易日计算 beta，基于市场模型计算，乘以 100
$AFCAR[0,5]$	分析师预测市场反应	分析师报告发布 5 日股价累计超额收益，以窗口期前 200 个交易日计算 beta，基于市场模型计算，乘以 100
$UFEPS$	未预期分析师预测	分析师预测每股盈利与去年每股盈利之差，除以期初股票价格

注：本表按变量在正文中的出现顺序列示了全部变量的定义和计算方式。如无特殊说明，变量采用合并报表数据或在上市企业集团层面计算。

附录 B 主要变量描述性统计量和相关系数

变 量	观测数	最小值	中位数	最大值	均值	标准差	与 Cen 相关系数
第五章								
C	20 185	−2.357	0.007	2.639	0.001	1.524	
PAsset	20 185	0.026	0.601	1.000	0.587	0.267	
Cen	20 185	−4.403	0.053	4.775	0.000	0.900	
Confu	20 092	0.000	0.740	1.430	0.696	0.364	0.048***
Size	20 092	19.530	21.860	25.950	22.030	1.273	−0.094***
ROA	20 092	−0.164	0.035	0.196	0.039	0.053	0.041***
MB	20 092	0.717	3.043	26.850	4.136	3.812	0.011
Risk	20 092	0.131	0.289	0.583	0.309	0.100	0.032***
Lev	20 092	0.054	0.446	0.898	0.447	0.208	−0.056***
SOE	20 092	0.000	0.000	1.000	0.453	0.498	−0.024***
Age	20 092	0.000	2.708	7.609	2.635	0.429	−0.099***
Mono	20 092	0.017	0.048	0.362	0.067	0.062	−0.001
Overseas	20 092	0.000	0.000	1.000	0.246	0.431	−0.083***
IndDiv	20 092	0.000	0.000	2.079	0.500	0.635	−0.082***
Board	20 092	1.609	2.197	2.708	2.159	0.200	0.005
Indepen	20 092	0.300	0.333	0.571	0.371	0.053	−0.012*
Dual	20 092	0.000	0.000	1.000	0.224	0.417	0.012*
FirstShr	20 092	0.086	0.331	0.748	0.351	0.151	0.045***
MngHld	20 092	0.000	1.000	1.000	0.738	0.440	−0.004
Tight	10 253	−59.090	3.066	20.490	0.450	12.870	0.043***
Weakness	17 797	0.000	0.000	1.000	0.222	0.415	−0.079***
Quality	19 521	3.890	6.773	9.131	6.695	0.794	0.01
Comove1	20 074	−9.796	−2.349	8.920	−1.918	5.079	0.125***
Comove2	18 775	−9.116	1.937	9.598	1.542	4.959	0.044***
第六章								
Cash	21 955	0.011	0.146	0.638	0.181	0.130	−0.009
TQ	18 930	0.904	1.732	9.499	2.208	1.466	0.017**

续　表

变　　量	观测数	最小值	中位数	最大值	均值	标准差	与 Cen 相关系数
$Earn$	18 930	−0.105	0.046	0.256	0.051	0.066	0.049***
ΔNA	18 930	−0.395	0.087	0.666	0.100	0.161	0.150***
$IntExp$	18 930	0.000	0.008	0.042	0.010	0.010	−0.070***
$CapEx$	18 930	−0.176	0.005	0.301	0.021	0.065	0.090***
Div	18 930	0.000	0.021	0.090	0.024	0.017	−0.027***
第七章							
$PPEInvest$	20 078	0.017	3.119	30.770	5.237	5.998	0.081***
PPE	20 078	0.003	0.205	0.730	0.240	0.171	0.078***
$SubDis$	20 078	0.000	0.388	9.652	0.922	1.539	−0.168***
$PPEImpair1$	20 078	0.000	0.000	1.000	0.204	0.403	−0.074***
$PPEImpair2$	20 078	0.000	1.000	1.000	0.526	0.499	−0.090***
DA	20 077	−0.238	−0.003	0.199	−0.005	0.072	0.053***
$RDInvest$	17 419	0.000	2.138	23.090	3.040	4.000	0.067***
$Subsidy$	17 419	0.000	0.482	9.486	0.958	1.470	0.027***
$RDCenter$	17 419	0.000	0.000	1.000	0.133	0.339	−0.065***
$TechMng$	17 419	0.000	1.000	1.000	0.754	0.431	0.097***
$Willing$	17 419	0.293	1.258	1.930	1.220	0.374	0.045***
$PatOutput$	17 419	0.000	2.485	6.737	2.373	1.786	−0.059***
$InputPerPat$	11 798	11.160	14.550	17.970	14.610	1.301	0.038***
$IPCPerPat1$	13 049	0.301	1.286	5.375	1.513	0.889	0.034***
$IPCPerPat2$	13 049	0.151	0.889	3.667	1.011	0.616	0.047***
$InventRatio$	13 266	0.000	0.407	1.000	0.453	0.310	0.022**
$NewIPC1$	13 049	0.000	0.941	4.250	1.086	0.743	0.048***
$NewIPC2$	13 049	0.000	0.476	2.667	0.596	0.497	0.055***
$CitePerPat1$	6 866	0.000	0.333	4.375	0.611	0.806	0.004
$CitePerPat2$	6 866	0.000	0.200	3.222	0.494	0.644	0.006
$IntanImpair1$	17 157	0.000	0.000	1.000	0.050	0.219	−0.066***
$IntanImpair2$	17 157	0.000	0.000	1.000	0.147	0.354	−0.109***
第八章							
$GoodNum$	19 988	0.000	0.693	1.946	0.655	0.671	0.060***
$NeuNum$	19 988	0.000	0.000	1.386	0.094	0.292	0.050***
$BadNum$	19 988	0.000	0.000	1.946	0.420	0.611	−0.008
$Good$	15 325	0.000	0.750	1.000	0.584	0.440	0.027***

续 表

变 量	观测数	最小值	中位数	最大值	均值	标准差	与 Cen 相关系数
Bad	15 325	0.000	0.000	1.000	0.353	0.425	−0.048***
$Big4$	19 988	0.000	0.000	1.000	0.061	0.239	−0.051***
$Analyst$	19 988	0.000	1.609	3.784	1.596	1.159	0.046***
$absDA$	19 988	0.001	0.038	0.270	0.053	0.051	0.007
SEO	19 988	0.000	0.000	1.000	0.143	0.350	0.031***
$Insider$	19 988	−11.550	0.000	5.009	−0.763	2.339	−0.032***
$Optim\_Bad$	7 163	0.000	0.500	1.000	0.504	0.409	0.01
$Form\_Bad$	7 163	0.000	2.000	3.000	1.684	0.881	−0.012
$External\_Bad$	7 163	0.000	0.667	1.000	0.557	0.430	0.052***
$Optim\_Good$	10 795	0.000	0.333	1.000	0.417	0.393	0.015
$Form\_Good$	10 795	0.000	2.000	3.000	1.808	0.693	0.008
$External\_Good$	10 795	0.000	0.000	1.000	0.269	0.364	0.020**
$Optim$	15 325	0.000	0.500	1.000	0.443	0.369	0.011
$Form$	15 325	0.000	2.000	3.000	1.710	0.796	0.006
$External$	15 325	0.000	0.286	1.000	0.387	0.388	0.016*
$MFCAR[0,3]$	42 963	−2.499	−0.073	3.696	−0.012	0.866	0.017***
MF	42 963	−0.086	0.011	0.125	0.014	0.027	0.003
$GoodMF$	49 754	0.000	1.000	1.000	0.572	0.495	0.027***
$BadMF$	49 754	0.000	0.000	1.000	0.361	0.480	−0.042***
$Fail$	20 091	0.000	0.000	1.000	0.467	0.499	−0.047***
$AccMng$	18 917	0.000	0.000	1.000	0.198	0.398	−0.036***
$ReportCAR[-5,10]$	16 730	−35.340	−0.685	50.180	0.246	12.530	0.005
SUE	16 730	−2.642	−0.029	2.557	−0.053	1.165	−0.004
第九章							
$AnaDisp1$	11 953	0.189	1.940	36.120	3.152	4.615	−0.003
$AnaDisp2$	11 953	0.476	5.969	59.700	8.805	9.439	−0.031***
$NewCEO$	20 092	0.000	0.000	1.000	0.130	0.337	−0.032***
$MFNum12$	20 092	0.000	0.693	1.099	0.529	0.385	0.045***
$AnaError1$	15 563	0.004	0.963	11.400	1.771	2.174	−0.023***
$AnaError2$	15 563	0.002	0.618	10.910	1.183	1.714	−0.040***
$History$	161 578	0.000	0.000	1.792	0.317	0.470	−0.015***
$Gender$	161 578	0.000	0.000	1.000	0.195	0.396	−0.002
$Star$	161 578	0.000	0.000	1.000	0.206	0.404	−0.005**

续　表

变　量	观测数	最小值	中位数	最大值	均值	标准差	与 Cen 相关系数
$Institute$	161 578	3.892	6.479	7.444	6.325	0.684	−0.016***
$AFCAR[0,3]$	147 927	−16.550	−0.014	26.450	0.574	6.438	0.009***
$AFCAR[0,5]$	147 924	−20.000	−0.176	28.490	0.337	7.339	0.006**
$UFEPS$	147 927	−0.056	0.006	0.132	0.009	0.025	−0.016***

参 考 文 献

[1] 白晓宇.上市公司信息披露政策对分析师预测的多重影响研究[J].金融研究，2009(4)：92-112.

[2] 蔡春,谢柳芳,马可哪呐.高管审计背景、盈余管理与异常审计收费[J].会计研究，2013(3)：72-78.

[3] 曹胜,朱红军.王婆贩瓜：券商自营业务与分析师乐观性[J].管理世界，2011(7)：20-30.

[4] 陈德球,李思飞,王丛.政府质量、终极产权与公司现金持有[J].管理世界，2011(11)：127-141.

[5] 陈栋,陈运森.银行股权关联、货币政策变更与上市公司现金管理[J].金融研究，2012(12)：122-136.

[6] 陈志军,郑丽.不确定性下子公司自主性与绩效的关系研究[J].南开管理评论，2016,19(6)：91-100.

[7] 程博,潘飞,王建玲.儒家文化、信息环境与内部控制[J].会计研究，2016(12)：79-84.

[8] 程小可,杨程程,姚立杰.内部控制、银企关联与融资约束——来自中国上市公司的经验证据[J].审计研究，2013(5)：80-86.

[9] 程新生,武琼,刘孟晖,程昱.企业集团现金分布、管理层激励与资本配置效率[J].金融研究，2020(2)：91-108.

[10] 底璐璐,罗勇根,江伟,陈灿.客户年报语调具有供应链传染效应吗？——企业现金

持有的视角[J].管理世界,2020,36(8):148-163.

[11] 方先明,高爽.上市公司管理层修正公告披露策略的市场反应[J].中国工业经济, 2018(2):176-192.

[12] 古志辉.全球化情境中的儒家伦理与代理成本[J].管理世界,2015(3):113-123.

[13] 韩立岩,刘博研.公司治理、不确定性与现金价值[J].经济学(季刊),2011,10(2): 523-550.

[14] 何捷,张会丽,陆正飞.货币政策与集团企业负债模式研究[J].管理世界,2017(5): 158-169.

[15] 胡国柳,赵阳,胡珺.D&O保险、风险容忍与企业自主创新[J].管理世界,2019,35 (8):121-135.

[16] 胡军,王甄,陶莹,邹隽奇.微博、信息披露与分析师盈余预测[J].财经研究,2016, 42(5):66-76.

[17] 胡军,王甄.微博、特质性信息披露与股价同步性[J].金融研究,2015(11): 190-206.

[18] 黄灿,年荣伟,蒋青嬗,郑鸿."文人下海"会促进企业创新吗?[J].财经研究,2019, 45(5):111-124.

[19] 江龙,刘笑松.经济周期波动与上市公司现金持有行为研究[J].会计研究,2011(9): 40-46.

[20] 姜波,周铭山.参股基金公司持股与分析师乐观性[J].财经研究,2015,41(1): 118-131.

[21] 姜超.证券分析师、内幕消息与资本市场效率——基于中国A股股价中公司特质信息含量的经验证据[J].经济学(季刊),2013,12(2):429-452.

[22] 姜军,申丹琳,江轩宇,伊志宏.债权人保护与企业创新[J].金融研究,2017(11): 128-142.

[23] 姜彭,王文忠,雷光勇.政治冲击、不确定性与企业现金持有[J].南开管理评论, 2015,18(4):130-138.

[24] 姜英兵,于彬彬.股权分置改革影响控股股东的现金持有偏好吗?[J].会计研究, 2013(4):58-65.

[25] 金智,徐慧,马永强.儒家文化与公司风险承担[J].世界经济,2017,40(11): 170-192.

[26] 黎文靖,郑曼妮.实质性创新还是策略性创新?——宏观产业政策对微观企业创新

的影响[J].经济研究,2016,51(4):60-73.

[27] 李春涛,宋敏.中国制造业企业的创新活动:所有制和 CEO 激励的作用[J].经济研究,2010,45(5):55-67.

[28] 李凤羽,史永东.经济政策不确定性与企业现金持有策略——基于中国经济政策不确定指数的实证研究[J].管理科学学报,2016,19(6):157-170.

[29] 李欢,罗婷.管理层业绩预测的机会主义行为——来自高管股票交易的证据[J].南开管理评论,2016,19(4):63-74.

[30] 李丽青.分析师盈利预测能表征"市场预期盈利"吗?——来自中国 A 股市场的经验证据[J].南开管理评论,2012,15(6):44-50.

[31] 李万福,林斌,宋璐.内部控制在公司投资中的角色:效率促进还是抑制?[J].管理世界,2011(2):81-99.

[32] 李馨子,肖土盛.管理层业绩预告有助于分析师盈余预测修正吗?[J].南开管理评论,2015,18(2):30-38.

[33] 李岩琼,姚颐.研发文本信息:真的多说无益吗?——基于分析师预测的文本分析[J].会计研究,2020(2):26-42.

[34] 林乐,谢德仁.分析师荐股更新利用管理层语调吗?——基于业绩说明会的文本分析[J].管理世界,2017(11):125-145.

[35] 林永坚,王志强,李茂良.高管变更与盈余管理:基于应计项目操控与真实活动操控的实证研究[J].南开管理评论,2013,16(1):4-14.

[36] 刘端,薛静芸.经济周期波动视角下现金持有在企业产品市场定价中的竞争效应研究[J].中国管理科学,2015,23(9):9-18.

[37] 刘井建,纪丹宁,王健.高管股权激励计划、合约特征与公司现金持有[J].南开管理评论,2017,20(1):43-56.

[38] 刘星,计方,郝颖.大股东控制、集团内部资本市场运作与公司现金持有[J].中国管理科学,2014,22(4):124-133.

[39] 刘焱,姚海鑫.高管权力、审计委员会专业性与内部控制缺陷[J].南开管理评论,2014,17(2):4-12.

[40] 卢锐.企业创新投资与高管薪酬业绩敏感性[J].会计研究,2014(10):36-42.

[41] 陆正飞,张会丽.所有权安排、寻租空间与现金分布——来自中国 A 股市场的经验证据[J].管理世界,2010(5):150-158.

[42] 罗进辉,李小荣,向元高.媒体报道与公司的超额现金持有水平[J].管理科学学报,

2018,21(7):91-112.

[43] 罗玫,宋云玲.中国股市的业绩预告可信吗?[J].金融研究,2012(9):168-180.

[44] 罗玫,魏哲.股市对业绩预告修正一视同仁吗?[J].金融研究,2016(7):191-206.

[45] 罗琦,秦国楼.投资者保护与公司现金持有[J].金融研究,2009(10):163-178.

[46] 马忠,王龙丰,杨侠.子公司多元化、业务分布与现金持有——基于母子公司内部资本配置视角的分析[J].会计研究,2018(1):75-81.

[47] 纳鹏杰,纳超洪.企业集团财务管控与上市公司现金持有水平研究[J].会计研究,2012(5):29-38.

[48] 倪骁然,朱玉杰.劳动保护、劳动密集度与企业创新——来自2008年《劳动合同法》实施的证据[J].管理世界,2016(7):154-167.

[49] 聂辉华,谭松涛,王宇锋.创新、企业规模和市场竞争:基于中国企业层面的面板数据分析[J].世界经济,2008(7):57-66.

[50] 潘怡麟,朱凯,陈信元.决策权配置与公司价值——基于企业集团的经验证据[J].管理世界,2018,34(12):111-119.

[51] 潘越,戴亦一,刘思超.我国承销商利用分析师报告托市了吗?[J].经济研究,2011,46(3):131-144.

[52] 钱雪松,代禹斌,陈琳琳,方胜.担保物权制度改革、融资约束与企业现金持有——基于中国《物权法》自然实验的经验证据[J].会计研究,2019(1):72-78.

[53] 曲晓辉,毕超.会计信息与分析师的信息解释行为[J].会计研究,2016(4):19-26.

[54] 沈艺峰,况学文,聂亚娟.终极控股股东超额控制与现金持有量价值的实证研究[J].南开管理评论,2008(1):15-23.

[55] 苏静.派驻财务总监与企业集团内控的实施——基于代理理论的视角[J].会计研究,2006(1):63-68.

[56] 孙培青.中国教育史[M].上海:华东师范大学出版社,2000.

[57] 谭燕,施赟,吴静.董事会可以随意确定内部控制缺陷定量认定标准吗?——来自A股上市公司的经验证据[J].会计研究,2016(10):70-77.

[58] 汪琼,李栋栋,王克敏.营商"硬环境"与公司现金持有:基于市场竞争和投资机会的研究[J].会计研究,2020(4):88-99.

[59] 王斌,张伟华.外部环境、公司成长与总部自营[J].管理世界,2014(1):144-155.

[60] 王福胜,宋海旭.终极控制人、多元化战略与现金持有水平[J].管理世界,2012(7):124-136.

[61] 王俊,吴溪.管理层变更伴随着更严格的内部控制缺陷认定标准吗?[J].会计研究,2017(4):81-87.

[62] 王克敏,刘博.公司控制权转移与盈余管理研究[J].管理世界,2014(7):144-156.

[63] 王姝勋,方红艳,荣昭.期权激励会促进公司创新吗?——基于中国上市公司专利产出的证据[J].金融研究,2017(3):176-191.

[64] 王雄元,李岩琼,肖忞.年报风险信息披露有助于提高分析师预测准确度吗?[J].会计研究,2017(10):37-43.

[65] 王玉涛,王彦超.业绩预告信息对分析师预测行为有影响吗[J].金融研究,2012(6):193-206.

[66] 魏春燕,陈磊.家族企业CEO更换过程中的利他主义行为——基于资产减值的研究[J].管理世界,2015(3):137-150.

[67] 吴东辉,薛祖云.财务分析师盈利预测的投资价值:来自深沪A股市场的证据[J].会计研究,2005(8):37-43.

[68] 吴偎立,张峥,乔坤元.信息质量、市场评价与激励有效性——基于《新财富》最佳分析师评选的证据[J].经济学季刊,2016,15(2):723-744.

[69] 肖淑芳,张晨宇,张超,轩然.股权激励计划公告前的盈余管理——来自中国上市公司的经验证据[J].南开管理评论,2009,12(4):113-119.

[70] 辛宇,徐莉萍.公司治理机制与超额现金持有水平[J].管理世界,2006(5):136-141.

[71] 徐飞.银行信贷与企业创新困境[J].中国工业经济,2019(1):119-136.

[72] 徐高彦,曹俊颖,徐汇丰,沈菊琴.上市公司盈余预告择时披露策略及市场反应研究——基于股票市场波动的视角[J].会计研究,2017(2):35-41.

[73] 徐细雄,李万利,陈西婵.儒家文化与股价崩盘风险[J].会计研究,2020(4):143-150.

[74] 徐细雄,李万利.儒家传统与企业创新:文化的力量[J].金融研究,2019(9):112-130.

[75] 徐悦,刘运国,蔡贵龙.高管薪酬粘性与企业创新[J].会计研究,2018(7):43-49.

[76] 许言,邓玉婷,陈钦源,许宁行.高管任期与公司坏消息的隐藏[J].金融研究,2017(12):174-190.

[77] 薛祖云,王冲.信息竞争抑或信息补充:证券分析师的角色扮演——基于我国证券市场的实证分析[J].金融研究,2011(11):167-182.

[78] 杨兴全,齐云飞,吴昊旻.行业成长性影响公司现金持有吗？[J].管理世界,2016(1)：153-169.

[79] 杨兴全,吴昊旻,曾义.公司治理与现金持有竞争效应——基于资本投资中介效应的实证研究[J].中国工业经济,2015(1)：121-133.

[80] 杨兴全,尹兴强.国企混改如何影响公司现金持有？[J].管理世界,2018,34(11)：93-107.

[81] 杨兴全,张丽平,吴昊旻.市场化进程、管理层权力与公司现金持有[J].南开管理评论,2014,17(2)：34-45.

[82] 杨兴全,张照南,吴昊旻.治理环境、超额持有现金与过度投资——基于我国上市公司面板数据的分析[J].南开管理评论,2010,13(5)：61-69.

[83] 杨兴全,张照南.制度背景、股权性质与公司持有现金价值[J].经济研究,2008,43(12)：111-123.

[84] 杨玉龙,潘飞,张川.上下级关系、组织分权与企业业绩评价系统[J].管理世界,2014(10)：114-135.

[85] 姚立杰,周颖.管理层能力、创新水平与创新效率[J].会计研究,2018(6)：70-77.

[86] 伊志宏,李颖,江轩宇.女性分析师关注与股价同步性[J].金融研究,2015(11)：175-189.

[87] 伊志宏,杨圣之,陈钦源.分析师能降低股价同步性吗——基于研究报告文本分析的实证研究[J].中国工业经济,2019(1)：156-173.

[88] 尹率.盈余管理和内部控制缺陷认定标准披露——基于强制性内部控制评价报告披露的实证研究[J].审计研究,2016(4)：83-89.

[89] 于剑乔,罗婷.业绩预测的取整行为研究[J].金融研究,2016(10)：190-206.

[90] 余靖雯,郭凯明,龚六堂.宏观政策不确定性与企业现金持有[J].经济学(季刊),2019,18(3)：987-1010.

[91] 虞义华,赵奇锋,鞠晓生.发明家高管与企业创新[J].中国工业经济,2018(3)：136-154.

[92] 袁淳,刘思淼,陈玥.大股东控制、多元化经营与现金持有价值[J].中国工业经济,2010(4)：141-150.

[93] 岳衡,林小驰.证券分析师vs统计模型：证券分析师盈余预测的相对准确性及其决定因素[J].会计研究,2008(8)：40-49.

[94] 张海平,吕长江.上市公司股权激励与会计政策选择：基于资产减值会计的分析

[J].财经研究,2011,37(7):60-70.

[95] 张会丽,陆正飞.控股水平、负债主体与资本结构适度性[J].南开管理评论,2013, 16(5):142-151.

[96] 张会丽,陆正飞.上市公司经营业务分布是否影响盈余质量?——基于上市公司及其整体子公司相对业务规模的考察[J].财经研究,2012b,38(8):72-83.

[97] 张会丽,陆正飞.现金分布、公司治理与过度投资——基于我国上市公司及其子公司的现金持有状况的考察[J].管理世界,2012a(3):141-150.

[98] 张会丽,吴有红.内部控制、现金持有及经济后果[J].会计研究,2014(3):71-78.

[99] 张会丽,吴有红.企业集团财务资源配置、集中程度与经营绩效——基于现金在上市公司及其整体子公司间分布的研究[J].管理世界,2011(2):100-108.

[100] 张然,汪荣飞,王胜华.分析师修正信息、基本面分析与未来股票收益[J].金融研究,2017(7):156-174.

[101] 张馨艺,张海燕,夏冬林.高管持股、择时披露与市场反应[J].会计研究,2012(6):54-60.

[102] 赵良玉,李增泉,刘军霞.管理层偏好、投资评级乐观性与私有信息获取[J].管理世界,2013(4):33-47.

[103] 赵子夜,杨庆,陈坚波.通才还是专才:CEO的能力结构和公司创新[J].管理世界,2018,34(2):123-143.

[104] 中国上市公司内部控制指数研究课题组.中国上市公司内部控制指数研究[J].会计研究,2011(12):20-24.

[105] 周冬华,黄佳,赵玉洁.员工持股计划与企业创新[J].会计研究,2019(3):63-70.

[106] 周伟,谢诗蕾.中国上市公司持有高额现金的原因[J].世界经济,2007(3):67-74.

[107] 朱恒鹏.企业规模、市场力量与民营企业创新行为[J].世界经济,2006(12):41-52.

[108] 朱红军,何贤杰,陶林.中国的证券分析师能够提高资本市场的效率吗——基于股价同步性和股价信息含量的经验证据[J].金融研究,2007(2):110-121.

[109] 朱星文,廖义刚,谢盛纹.高级管理人员变更、股权特征与盈余管理——来自中国上市公司的经验证据[J].南开管理评论,2010,13(2):23-29.

[110] 祝继高,陆正飞.货币政策、企业成长与现金持有水平变化[J].管理世界,2009(3):152-158.

[111] Abdel-khalik, A. R., and B. B. Ajinkya. Returns to Informational Advantages:

The Case of Analysts' Forecast Revisions[J]. The Accounting Review, 1982, 57(4): 661–680.

[112] Abernethy, M. A., J. Bouwens, and L. V. Lent. Determinants of Control System Design in Divisionalized Firms[J]. The Accounting Review, 2004, 79(3): 545–570.

[113] Acemoglu, D., P. Aghion, C. Lelarge, J. V. Reenen, and F. Zilibottik. Technology, Information, and the Decentralization of the Firm[J]. Quarterly Journal of Economics, 2007, 122(4): 1759–1799.

[114] Acharya, V. V., and K. V. Subramanian. Bankruptcy Codes and Innovation[J]. Review of Financial Studies, 2009, 22(12): 4949–4988.

[115] Acharya, V. V., R. P. Baghai, and K. V. Subramanian. Wrongful Discharge Laws and Innovation[J]. Review of Financial Studies, 2014, 27(1): 301–346.

[116] Aghion, P., and J. Tirole. Formal and Real Authority in Organizations[J]. Journal of Political Economy, 1997, 105(1): 1–29.

[117] Aghion, P., N. Bloom, R. Griffith, and P. Howitt. Competition and Innovation: An Inverted-U Relationship[J]. Quarterly Journal of Economics, 2005, 120(2): 701–728.

[118] Akinola, M., A. E. Martin, and K. W. Phillips. To Delegate or Not to Delegate: Gender Differences in Affective Associations and Behavioral Responses to Delegation[J]. Academy of Management Journal, 2018, 61(4): 1467–1491.

[119] Ali, A., and W. Zhang. CEO Tenure and Earnings Management[J]. Journal of Accounting and Economics, 2015, 59(1): 60–79.

[120] Ali, A., N. Li, and W. Zhang. Restrictions on Managers' Outside Employment Opportunities and Asymmetric Disclosure of Bad versus Good News[J]. The Accounting Review, 2019, 94(5): 1–25.

[121] Altınkılıç, O., V. S. Balashov, and R. S. Hansen. Investment Bank Monitoring and Bonding of Security Analysts' Research[J]. Journal of Accounting and Economics, 2019, 67(1): 98–119.

[122] Angrist, J., V. Lavy, and A. Schlosser. Multiple Experiments for the Causal Link between the Quantity and Quality of Children[J]. Journal of Labor Economics, 2010, 28(4): 773–824.

[123] Argyres, N. S., and B. S. Silverman. R&D, Organization Structure, and the Development of Corporate Technological Knowledge[J]. Strategic Management Journal, 2004, 25(8—9): 929 - 958.

[124] Argyres, N. S.. Capabilities, Technological Diversification and Divisionalization [J]. Strategic Management Journal, 1996, 17(5): 395 - 410.

[125] Arora, A., S. Belenzon, and L. A. Rios. Make, Buy, Organize: The Interplay between Research, External Knowledge, and Firm Structure [J]. Strategic Management Journal, 2014, 35(3): 317 - 337.

[126] Arrow, K.. Economic Welfare and the Allocation of Resources for Invention [A]. The Rate and Direction of Inventive Activity: Economic and Social Factors. Princeton: Princeton University Press, 1962.

[127] Ashbaugh-Skaife, H., D. Collins, W. R. Kinney Jr., and R. Lafond. The Effect of SOX Internal Control Deficiencies and Their Remediation on Accrual Quality [J]. The Accounting Review, 2008, 83(1): 217 - 250.

[128] Atanassov, J., and X. Liu. Can Corporate Income Tax Cuts Stimulate Innovation? [J]. Journal of Financial and Quantitative Analysis, 2019, 55(5): 1415 - 1465.

[129] Baginski, S. P., and K. C. Rakow Jr.. Management Earnings Forecast Disclosure Policy and the Cost of Equity Capital[J]. Review of Accounting Studies, 2012, 17(2): 279 - 321.

[130] Baginski, S. P., J. M. Hassell, and M. D. Kimbrough. The Effect of Legal Environment on Voluntary Disclosure: Evidence from Management Earnings Forecasts Issued in U.S. and Canadian Markets[J]. The Accounting Review, 2002, 77(1): 25 - 50.

[131] Baginski, S., J. L. Campbell, L. A. Hinson, and D. S. Koo. Do Career Concerns Affect the Delay of Bad News Disclosure? [J]. The Accounting Review, 2018, 93(2): 61 - 95.

[132] Baiman, S., and M. V. Rajan. Centralization, Delegation, and Shared Responsibility in the Assignment of Capital Investment Decision Rights[J]. Journal of Accounting Research, 1995, 33(Supplement): 135 - 164.

[133] Baker, G., R. Gibbons, and K. J. Murphy. Informal Authority in Organizations [J]. Journal of Law, Economics & Organization, 1999, 15(1): 56 - 73.

[134] Baker, T. A., D. L. Collins, and A. L. Reitenga. Incentives and Opportunities to Manage Earnings around Option Grants[J]. Contemporary Accounting Research, 2009, 26(3): 649-672.

[135] Bakke, T., and T. Gu. Diversification and Cash Dynamics[J]. Journal of Financial Economics, 2017, 123(3): 580-601.

[136] Baldwin, B. A.. Segment Earnings Disclosure and the Ability of Security Analysts to Forecast Earnings Per Share[J]. The Accounting Review, 1984, 59(3): 376-389.

[137] Bamber, L. S., K. W. Hui, and P. E. Yeung. Managers' EPS Forecasts: Nickeling and Diming the Market? [J]. The Accounting Review, 2010, 85(1): 63-95.

[138] Bao, D., Y. Kim, G. M. Mian, and L. (N.) Su. Do Managers Disclose or Withhold Bad News? Evidence from Short Interest[J]. The Accounting Review, 2019, 94(3): 1-26.

[139] Baranchuk, N., R. Kieschnick, and R. Moussawi. Motivating Innovation in Newly Public Firms[J]. Journal of Financial Economics, 2014, 111(3): 578-588.

[140] Barker, V. L., III, and G. C. Mueller. CEO Characteristics and Firm R&D Spending[J]. Management Science, 2002, 48(6): 782-801.

[141] Barting, B., E. Fehr, and H. Herz. The Intrinsic Value of Decision Rights[J]. Econometrica, 2014, 82(6): 2005-2039.

[142] Bartling, B., and U. Fischbacher. Shifting the Blame: On Delegation and Responsibility[J]. Review of Economic Studies, 2012, 79(1): 67-87.

[143] Bartov, E., and P. Mohanram. Private Information, Earnings Manipulations, and Executive Stock-option Exercises[J]. The Accounting Review, 2004, 79(4): 889-920.

[144] Bates, T. W., C. Chang, and J. D. Chi. Why Has the Value of Cash Increased over Time? [J]. Journal of Financial and Quantitative Analysis, 2018, 53(2): 749-787.

[145] Bates, T. W., K. M. Kahle, and R. M. Stulz. Why Do U.S. Firms Hold So Much More Cash Than They Used to? [J]. The Journal of Finance, 2009, 64(5): 1985-2021.

[146] Bauer, T. N., and S. G. Green. Development of Leader-member Exchange: A

Longitudinal Test[J]. Academy of Management Journal, 1996, 39(6): 1538-1567.

[147] Belenzon, S., and T. Berkovitz. Innovation in Business Groups[J]. Management Science, 2010, 56(3): 519-535.

[148] Bergstresser, D., and T. Philippon. CEO Incentives and Earnings Management[J]. Journal of Financial Economics, 2006, 80(3): 511-529.

[149] Beyer, A., and R. A. Dye. Reputation Management and the Disclosure of Earnings Forecasts[J]. Review of Accounting Studies, 2012, 17(4): 877-912.

[150] Birnbaum, P. H., and G. Y. Y. Wong. Organizational Structure of Multinational Banks in Hong Kong from a Culture-free Perspective[J]. Administrative Science Quarterly, 1985, 30(2): 262-277.

[151] Bloom, N., L. Garicano, R. Sadun, and J. V. Reenen. The Distinct Effects of Information Technology and Communication Technology on Firm Innovation[J]. Management Science, 2014, 60(12): 2859-2885.

[152] Bloom, N., R. Sadun, and J. V. Reenen. Does Product Market Competition Lead Firms to Decentralize?[J]. American Economic Review: Papers & Proceedings, 2010, 100(2): 434-438.

[153] Bloom, N., R. Sadun, and J. V. Reenen. The Organization of Firms across Countries[J]. Quarterly Journal of Economics, 2012, 127(4): 1663-1705.

[154] Bolton, P., and J. Farrell. Decentralization, Duplication, and Delay[J]. Journal of Political Economy, 1990, 98(4): 803-826.

[155] Bourveau, T., Y. Lou, and R. Wang. Shareholder Litigation and Corporate Disclosure: Evidence from Derivative Lawsuits[J]. Journal of Accounting Research, 2018, 56(3): 797-842.

[156] Bouwens, J., and L. V. Lent. Assessing the Performance of Business Unit Managers[J]. Journal of Accounting Research, 2007, 45(4): 667-697.

[157] Bradley, D. J., B. D. Jordan, and J. R. Ritter. Analyst Behavior Following IPOs: The 'Bubble Period' Evidence[J]. Review of Financial Studies, 2008, 21(1): 101-133.

[158] Brown, L. D., and M. S. Rozeff. The Superiority of Analyst Forecasts as Measures of Expectations: Evidence from Earnings[J]. The Journal of Finance, 1978,

33(1): 1-16.

[159] Brown, L. D., R. L. Hagerman, P. A. Griffin, and M. E. Zmijewski. Security Analyst Superiority Relative to Univariate Time-series Models in Forecasting Quarterly Earnings[J]. Journal of Accounting and Economics, 1987, 9(1): 61-87.

[160] Bryan, D. M., and S. L. Tiras. The Influence of Forecast Dispersion on the Incremental Explanatory Power of Earnings, Book Value, and Analyst Forecasts on Market Prices[J]. The Accounting Review, 2007, 82(3): 651-677.

[161] Canales, R., and R. Nanda. A Darker Side to Decentralized Banks: Market Power and Credit Rationing in SME Lending[J]. Journal of Financial Economics, 2012, 105(2): 353-366.

[162] Cao, Y., L. A. Myers, A. Tsang, and Y. George Yang. Management Forecasts and the Cost of Equity Capital: International Evidence[J]. Review of Accounting Studies, 2017, 22(2): 791-838.

[163] Cao, Z., and G. S. Narayanamoorthy. The Effect of Litigation Risk on Management Earnings Forecasts[J]. Contemporary Accounting Research, 2011, 28(1): 125-173.

[164] Cassar, G., and B. Gibson. Budgets, Internal Reports, and Manager Forecast Accuracy[J]. Contemporary Accounting Research, 2008, 25(3): 707-738.

[165] Chan, K., and A. Hameed. Stock Price Synchronicity and Analyst Coverage in Emerging Markets[J]. Journal of Financial Economics, 2006, 80(1): 115-147.

[166] Chang, X., K. Fu, A. Low, and W. Zhang. Non-executive Employee Stock Options and Corporate Innovation[J]. Journal of Financial Economics, 2015, 115(1): 168-188.

[167] Chemmanur, T. J., L. Kong, K. Krishnan, and Q. Yu. Top Management Human Capital, Inventor Mobility, and Corporate Innovation[J]. Journal of Financial and Quantitative Analysis, 2019, 54(6): 2383-2422.

[168] Chen, C. J. P., Z. Li, X. Su, and Y. Yao. Delegation and Sensitivity of CEO Turnover to Firm Performance within Business Groups: Evidence from China [J]. Journal of Accounting and Public Policy, 2012a, 31(6): 553-574.

[169] Chen, C., and P. F. Chen. NASD Rule 2711 and Changes in Analysts'

Independence in Making Stock Recommendations[J]. The Accounting Review, 2009, 84(4): 1041-1071.

[170] Chen, C., X. Martin, S. Roychowdhury, X. Wang, and M. T. Billett. Clarity Begins at Home: Internal Information Asymmetry and External Communication Quality[J]. The Accounting Review, 2018b, 93(1): 71-101.

[171] Chen, G., S. Luo, Y. Tang, and J. Y. Tong. Passing Probation: Earnings Management by Interim CEOs and Its Effect on Their Promotion Prospects [J]. Academy of Management Journal, 2015, 58(5): 1389-1418.

[172] Chen, M. A., Q. Wu, and B. Yang. How Valuable is FinTech Innovation? [J]. Review of Financial Studies, 2019, 32(5): 2062-2106.

[173] Chen, Q., X. Chen, K. Schipper, Y. Xu, and J. Xue. The Sensitivity of Corporate Cash Holdings to Corporate Governance[J]. Review of Financial Studies, 2012b, 25(12): 3610-3644.

[174] Chen, R. (R.), S. E. Ghoul, O. Guedhami, and R. Nash. State Ownership and Corporate Cash Holdings[J]. Journal of Financial and Quantitative Analysis, 2018a, 53(5): 2293-2334.

[175] Chen, S., and D. A. Matsumoto. Favorable versus Unfavorable Recommendations: The Impact on Analyst Access to Management-provided Information[J]. Journal of Accounting Research, 2006, 44(4): 657-689.

[176] Chen, X., Q. Cheng, and K. Lo. On the Relationship between Analyst Reports and Corporate Disclosures: Exploring the Roles of Information Discovery and Interpretation[J]. Journal of Accounting and Economics, 2010, 49(3): 206-226.

[177] Cheng, Q., and K. Lo. Insider Trading and Voluntary Disclosures[J]. Journal of Accounting Research, 2006, 44(5): 815-848.

[178] Cheng, Q., and T. D. Warfield. Equity Incentives and Earnings Management [J]. The Accounting Review, 2005, 80(2): 441-476.

[179] Cheng, Q., T. Luo, and H. Yue. Managerial Incentives and Management Forecast Precision[J]. The Accounting Review, 2013, 88(5): 1575-1602.

[180] Cheung, S. N. S.. The Contractual Nature of the Firm[J]. Journal of Law & Economics, 1983, 26(1): 1-21.

[181] Child, J.. Organization Structure and Strategies of Control: A Replication of the

Aston Study[J]. Administrative Science Quarterly, 1972, 17(2): 163 - 177.

[182] Christie, A. A., M. P. Joye, and R. L. Watts. Decentralization of the Firm: Theory and Evidence[J]. Journal of Corporate Finance, 2003, 9(1): 3 - 36.

[183] Coase, R. H.. The Nature of the Firm[J]. Economica, 1937, 4(16): 386 - 405.

[184] Coase, R. H.. The Problem of Social Cost[J]. Journal of Law & Economics, 1960(3): 1 - 44.

[185] Cohen, W. M., R. R. Nelson, and J. P. Walsh. Protecting Their Intellectual Assets: Appropriability Conditions and Why US Manufacturing Firms Patent (or Not)[J]. National Bureau of Economic Research, 2000, No. w7552.

[186] Crawford, S. S., D. T. Roulstone, and E. C. So. Analyst Initiations of Coverage and Stock Return Synchronicity[J]. The Accounting Review, 2012, 87(5): 1527 - 1553.

[187] Cunha, I., and J. Pollet. Why Do Firms Hold Cash? Evidence from Demographic Demand Shifts[J]. Review of Financial Studies, 2020, 33(9): 4102 - 4138.

[188] Custódio, C., M. A. Ferreira, and P. Matos. Do General Managerial Skills Spur Innovation? [J]. Management Science, 2019, 65(2): 459 - 476.

[189] D., Ran. Cash Holdings and Corporate Diversification[J]. The Journal of Finance, 2010, 65(3): 955 - 992.

[190] Danos, P., D. L. Holt, and E. A. Imhoff Jr.. Bond Raters' Use of Management Financial Forecasts: Experiment in Expert Judgment[J]. The Accounting Review, 1984, 59(4): 547 - 573.

[191] Das, S., C. B. Levine, and K. Sivaramakrishnan. Earnings Predictability and Bias in Analysts' Earnings Forecasts[J]. The Accounting Review, 1998, 73(2): 277 - 294.

[192] Dass, N., V. Nanda, and Q. Wang. Allocation of Decision Rights and the Investment Strategy of Mutual Funds[J]. Journal of Financial Economics, 2013, 110(1): 254 - 277.

[193] DeAngelo, L. E.. Accounting Numbers as Market Valuation Substitutes: A Study of Management Buyouts of Public Stockholders[J]. The Accounting Review, 1986, 61(3): 400 - 420.

[194] DeAngelo, L. E.. Managerial Competition, Information Costs, and Corporate

[195] Dechow, P. M., and R. G. Sloan. Executive Incentives and the Horizon Problem: An Empirical Investigation[J]. Journal of Accounting and Economics, 1991, 14(1): 51-89.

[196] Dechow, P. M., R. G. Sloan, and A. P. Sweeney. Detecting Earnings Management[J]. The Accounting Review, 1995, 70(2): 193-225.

[197] Deller, C., and T. Sandino. Who Should Select New Employees, Headquarters or the Unit Manager? Consequences of Centralizing Hiring at a Retail Chain[J]. The Accounting Review, 2020, 95(4): 173-198.

[198] Demerjian, P., B. Lev, and S. McVay. Quantifying Managerial Ability: A New Measure and Validity Tests[J]. Management Science, 2012, 58(7): 1229-1248.

[199] Demski, J. S., and D. E. M. Sappington. Hierarchical Structure and Responsibility Accounting[J]. Journal of Accounting Research, 1989, 27(1): 40-58.

[200] Denis, D. J., and V. Sibilkov. Financial Constraints, Investment, and the Value of Cash Holdings[J]. Review of Financial Studies, 2009, 23(1): 247-269.

[201] Dessein, W.. Authority and Communication in Organizations[J]. Review of Economic Studies, 2002, 69(4): 811-838.

[202] Dhaliwal, D. S., S. Radhakrishnan, A. Tsang, and Y. G. Yang. Nonfinancial Disclosure and Analyst Forecast Accuracy: International Evidence on Corporate Social Responsibility Disclosure[J]. The Accounting Review, 2012, 87(3): 723-759.

[203] Dimitrov, V., and P. C. Jain. It's Showtime: Do Managers Report Better News before Annual Shareholder Meetings?[J]. Journal of Accounting Research, 2011, 49(5): 1193-1221.

[204] Dittmar, A., and J. Mahrt-Smith. Corporate Governance and the Value of Cash Holdings[J]. Journal of Financial Economics, 2007, 83(3): 599-634.

[205] Dittmar, A., J. Mahrt-Smith, and H. Servaes. International Corporate Governance and Corporate Cash Holdings[J]. Journal of Financial and Quantitative Analysis, 2003, 38(1): 111-133.

[206] Doyle, J. T., W. Ge, and S. McVay. Accruals Quality and Internal Control over

Financial Reporting[J]. The Accounting Review, 2007, 82(5): 1141-1170.

[207] Duchin, R. Cash Holdings and Corporate Diversification[J]. The Journal of Finance, 2010, 65(3): 955-992.

[208] Duchin, R., and D. Sosyura. Divisional Managers and Internal Capital Market [J]. The Journal of Finance, 2013, 68(2): 387-429.

[209] Dutta, S., and Q. Fan. Incentives for Innovation and Centralized versus Delegated Capital Budgeting[J]. Journal of Accounting and Economics, 2012, 53(3): 592-611.

[210] Eberhart, A., W. Maxwell, and A. Siddique. An Examination of Long-term Abnormal Stock Returns and Operating Performance Following R&D Increases [J]. The Journal of Finance, 2004, 59(2): 623-650.

[211] Elgers, P. T., M. H. Lo, and R. J. Pfeiffer Jr.. Delayed Security Price Adjustments to Financial Analysts' Forecasts of Annual Earnings[J]. The Accounting Review, 2001, 76(4): 613-632.

[212] Erkens, D. H.. Do Firms Use Time-vested Stock-based Pay to Keep Research and Development Investments Secret? [J]. Journal of Accounting Research, 2011, 49(4): 861-894.

[213] Ertimur, Y., J. Sunder, and S. V. Sunder. Measure for Measure: The Relation between Forecast Accuracy and Recommendation Profitability of Analysts[J]. Journal of Accounting Research, 2007, 45(3): 567-606.

[214] Ettlie, J. E.. R&D and Global Manufacturing Performance[J]. Management Science, 1998, 44(1): 1-11.

[215] Faleye, O., T. Kovacs, and A. Venkateswaran. Do Better-connected CEOs Innovate More? [J]. Journal of Financial and Quantitative Analysis, 2014, 49(5/6): 1201-1225.

[216] Fan, J. P. H., T. J. Wong, and T. Zhang. Founder Succession and Accounting Properties[J]. Contemporary Accounting Research, 2012, 29(1): 283-311.

[217] Farre-Mensa, J., D. Hegde, and A. Ljungqvist. What is a Patent Worth? Evidence from the U. S. Patent 'Lottery'? [J]. The Journal of Finance, 2020, 75(2): 639-682.

[218] Fayol, H.. General and Industrial Management[M]. London: Pitman, 1949.

[219] Fehr, E., H. Herz, and T. Wilkening. The Lure of Authority: Motivation and Incentive Effects of Power[J]. American Economic Review, 2013, 103(4): 1325-1359.

[220] Feng, M., W. Ge, S. Luo, and T. Shevlin. Why Do CFOs Become Involved in Material Accounting Manipulations? [J]. Journal of Accounting and Economics, 2011, 51(1): 21-36.

[221] Ferreira, D., G. Manso, and A. C. Silva. Incentives to Innovate and the Decision to Go Public or Private[J]. Review of Financial Studies, 2012, 27(1): 256-300.

[222] Firth, M., C. Lin, P. Liu, and Y. Xuan. The Client Is King: Do Mutual Fund Relationships Bias Analyst Recommendations? [J]. Journal of Accounting Research, 2013, 51(1): 165-200.

[223] Foley, C. F., J. C. Hartzell, Sh. Titman, and G. Twite. Why Do Firms Hold so Much Cash? A Tax-based Explanation[J]. Journal of Financial Economics, 2007, 86(3): 579-607.

[224] Francis, J., D. Nanda, and P. Olsson. Voluntary Disclosure, Earnings Quality, and Cost of Capital[J]. Journal of Accounting Research, 2008, 46(1): 53-99.

[225] Frésard, L., and C. Salva. The Value of Excess Cash and Corporate Governance: Evidence from US Cross-listings[J]. Journal of Financial Economics, 2010, 98(2): 359-384.

[226] Frésard, L.. Financial Strength and Product Market Behavior: The Real Effects of Corporate Cash Holdings[J]. The Journal of Finance, 2010, 65(3): 1097-1122.

[227] Fried, D., and D. Givoly. Financial Analysts' Forecasts of Earnings: A Better Surrogate for Market Expectations[J]. Journal of Accounting and Economics, 1982, 4(2): 85-107.

[228] Galasso, A., and T. S. Simcoe. CEO Overconfidence and Innovation[J]. Management Science, 2011, 57(8): 1469-1484.

[229] Gao, H., and J. Zhang. SOX Section 404 and Corporate Innovation[J]. Journal of Financial and Quantitative Analysis, 2019, 54(2): 759-787.

[230] Gao, H., P. Hsu, and K. Li. Innovation Strategy of Private Firms[J]. Journal of Financial and Quantitative Analysis, 2018, 53(1): 1-32.

[231] Gaver, J. J., K. M. Gaver, and J. R. Austin. Additional Evidence on Bonus Plans

and Income Management[J]. Journal of Accounting and Economics, 1995, 19(1): 3-28.

[232] Ghaly, M., V. A. Dang, and K. Stathopoulos. Cash Holdings and Labor Heterogeneity: The Role of Skilled Labor[J]. Review of Financial Studies, 2017, 30(10): 3636-3668.

[233] Givoly, D., and J. Lakonishok. The Information Content of Financial Analysts' Forecast of Earnings: Some Evidence on Semi-strong Inefficiency[J]. Journal of Accounting and Economics, 1979, 1(3): 165-185.

[234] Graham, J. R., C. R. Harvey, and M. Puri. Capital Allocation and Delegation of Decision-making Authority within Firms[J]. Journal of Financial Economics, 2014, 115(3): 449-470.

[235] Green, T. C.. The Value of Client Access to Analyst Recommendations[J]. Journal of Financial and Quantitative Analysis, 2006, 41(1): 1-24.

[236] Gu, Z., Z. Li, and Y. G. Yang. Monitors or Predators: The Influence of Institutional Investors on Sell-side Analysts[J]. The Accounting Review, 2013, 88(1): 137-169.

[237] Guidry, F., A. J. Leone, and S. Rock. Earnings-based Bonus Plans and Earnings Management by Business-unit Managers[J]. Journal of Accounting and Economics, 1999, 26(1): 113-142.

[238] Hall, R. H.. The Concept of Bureaucracy: An Empirical Assessment[J]. American Journal of Sociology, 1963, 69(1): 32-40.

[239] Hamman, J. R., G. Loewenstein, and R. A. Weber. Self-interest through Delegation: An Additional Rationale for the Principal Agent Relationship[J]. American Economic Review, 2010, 100(4): 1826-1846.

[240] Han, J., and H. Tan. Investors' Reactions to Management Earnings Guidance: The Joint Effect of Investment Position, News Valence, and Guidance Form [J]. Journal of Accounting Research, 2010, 48(1): 123-146.

[241] Hanlon, M., E. L. Maydew, and D. Saavedra. The Taxman Cometh: Does Tax Uncertainty Affect Corporate Cash Holdings?[J]. Review of Accounting Studies, 2017, 22(3): 1198-1228.

[242] Harford, J., S. Klasa, and W. F. Maxwell. Refinancing Risk and Cash Holdings

[J]. The Journal of Finance, 2014, 69(3): 975-1012.

[243] Harford, J.. Corporate Cash Reserves and Acquisitions [J]. The Journal of Finance, 1999, 54(6): 1969-1997.

[244] Harris, M., and A. Raviv. Organization Design[J]. Management Science, 2002, 48(7): 852-865.

[245] Harris, M., and A. Raviv. The Capital Budgeting Process: Incentives and Information[J]. The Journal of Finance, 1996, 51(4): 1139-1174.

[246] Haushalter, D., S. Klasa, and W. F. Maxwell. The Influence of Product Market Dynamics on a Firm's Cash Holdings and Hedging Behavior [J]. Journal of Financial Economics, 2007, 84(3): 797-825.

[247] Hayek, F. A.. The Use of Knowledge in Society[J]. American Economic Review, 1945, 35(4): 519-530.

[248] Hayward, M. L. A., and M. A. Fitza. Pseudo-precision? Precise Forecasts and Impression Management in Managerial Earnings Forecasts [J]. Academy of Management Journal, 2017, 60(3): 1094-1116.

[249] Healy, P. M., and K. G. Palepu. Information Asymmetry, Corporate Disclosure, and the Capital Markets: A Review of the Empirical Disclosure Literature[J]. Journal of Accounting and Economics, 2001, 31(1): 405-440.

[250] Healy, P. M.. The Effect of Bonus Scheme on Accounting Decisions[J]. Journal of Accounting and Economics, 1985, 7(1—3): 85-107.

[251] Hirst, D. E., L. Koonce, and J. Miller. The Joint Effect of Management's Prior Forecast Accuracy and the Form of Its Financial Forecasts on Investor Judgment [J]. Journal of Accounting Research, 1999, 37(Supplement): 101-124.

[252] Hobbes, T.. Leviathan or the Matter, Forme and Power of a Common Wealth Ecclesiastical and Civil[M]. Cambridge: Cambridge University Press, 1904.

[253] Hofstede, G.. Culture's Consequences: Comparing Values, Behaviors, Institutions, and Organizations across Nations (2nd ed.) [M]. London: Sage Publications, Inc., 2001.

[254] Holthausen, R. W., D. F. Larcker, and R. G. Sloan. Annual Bonus Schemes and the Manipulation of Earnings[J]. Journal of Accounting and Economics, 1995b, 19(1): 29-74.

[255] Holthausen, R. W., D. F. Larcker, and R. G. Sloan. Business Unit Innovation and the Structure of Executive Compensation [J]. Journal of Accounting and Economics, 1995a, 19(2—3): 279-313.

[256] Hope, O.. Disclosure Practices, Enforcement of Accounting Standards, and Analysts' Forecast Accuracy: An International Study[J]. Journal of Accounting Research, 2003, 41(2): 235-272.

[257] Horton, J., G. Serafeim, and S. Wu. Career Concerns of Banking Analysts [J]. Journal of Accounting and Economics, 2017, 63(2): 231-252.

[258] Houston J. F., C. Lin, S. Liu, and L. Wei. Litigation Risk and Voluntary Disclosure: Evidence from Legal Changes[J]. The Accounting Review, 2019, 94(5): 247-272.

[259] Huang, A., R. Lehavy, A. Zang, and R. Zheng. Analyst Information Discovery and Interpretation Roles: A Topic Modeling Approach[J]. Management Science, 2017, 64(6): 2833-2855.

[260] Huang, T., Y. Pan, and K. Zhu. Does Tight Internal Control Hinder Firm Innovation? [J]. China Accounting and Finance Review, 2021, 23(4): 95-130.

[261] Hutton, A. P., A. J. Marcus, and H. Tehranian. Opaque Financial Reports, R2, and Crash Risk[J]. Journal of Financial Economics, 2009, 94(1): 67-86.

[262] Hutton, A. P., L. F. Lee, and S. Z. Shu. Do Managers Always Know Better? The Relative Accuracy of Management and Analyst Forecasts[J]. Journal of Accounting Research, 2012, 50(5): 1217-1244.

[263] Huyghebaert, N., and W. Xu. Bias in the Post-IPO Earnings Forecasts of Affiliated Analysts: Evidence from a Chinese Natural Experiment[J]. Journal of Accounting and Economics, 2016, 61(2): 486-505.

[264] Islam, E., and J. Zein. Inventor CEOs[J]. Journal of Financial Economics, 2019, 135(2): 505-527.

[265] Ittner, C. D., and J. Michels. Risk-based Forecasting and Planning and Management Earnings Forecasts[J]. Review of Accounting Studies, 2017, 22(3): 1005-1047.

[266] Jackson, A. R.. Trade Generation, Reputation, and Sell-side Analysts[J]. The Journal of Finance, 2005, 60(2): 673-717.

[267] Jaggi, B.. A Note on the Information Content of Corporate Annual Earnings Forecasts[J]. The Accounting Review, 1978, 53(4): 961-967.

[268] James, C., and J. Karceski. Strength of Analyst Coverage Following IPOs[J]. Journal of Financial Economics, 2006, 82(1): 1-34.

[269] Jennings, J.. The Role of Sell-side Analysts after Accusations of Managerial Misconduct[J]. The Accounting Review, 2019, 94(1): 183-203.

[270] Jensen, M. C. and W. H. Meckling. Theory of the Firm: Management Behavior, Agency Costs and Capital Structure[J]. Journal of Financial Economics, 1976, 3(4): 305-360.

[271] Jensen, M. C., and W. H. Meckling. Specific and General Knowledge, and Organizational Structure[A]. Contract Economics. Oxford: Blackwell, 1992.

[272] Jensen, M. C.. Agency Costs of Free Cash Flows, Corporate Finance, and Takeovers[J]. American Economic Review: Papers & Proceedings, 1986, 76(2): 323-329.

[273] Jiang, J. (X.), K. R. Petroni, and I. Y. Wang. CFOs and CEOs: Who Have the Most Influence on Earnings Management? [J]. Journal of Financial Economics, 2010, 96(3): 513-526.

[274] Johnson, M. F., R. Kasznik, and K. K. Nelson. The Impact of Securities Litigation Reform on the Disclosure of Forward-looking Information by High Technology Firms[J]. Journal of Accounting Research, 2001, 39(2): 297-327.

[275] Jones, J. J.. Earnings Management during Import Relief Investigations[J]. Journal of Accounting Research, 1991, 29(2): 193-228.

[276] Kadan, O., L. Madureira, R. Wang, and T. Zach. Conflicts of Interest and Stock Recommendations: The Effects of the Global Settlement and Related Regulations [J]. Review of Financial Studies, 2009, 22(10): 4189-4217.

[277] Kalcheva, I., and K. V. Lins. International Evidence on Cash Holdings and Expected Managerial Agency Problems[J]. Review of Financial Studies, 2007, 20(4): 1087-1112.

[278] Kastl, J., D. Martimort, and S. Piccolo. Delegation, Ownership Concentration and R&D Spending: Evidence from Italy[J]. The Journal of Industrial Economics, 2008, 61(1): 84-107.

[279] Ke, B., and Y. Yu. The Effect of Issuing Biased Earnings Forecasts on Analysts: Access to Management and Survival[J]. Journal of Accounting Research, 2006, 44(5): 965-999.

[280] Kempf, E.. The Job Rating Game: Revolving Doors and Analyst Incentives [J]. Journal of Financial Economics, 2020, 135(1): 41-67.

[281] Khanna, T., and Y. Yafeh. Business Groups in Emerging Markets: Paragons or Parasites? [J]. Journal of Economic Literature, 2007, 45(6): 331-372.

[282] Koh, P., and D. M. Reeb. Missing R&D[J]. Journal of Accounting and Economics, 2015, 60(1): 73-94.

[283] Kothari, S. P., A. J. Leone, and C. E. Wasley. Performance Matched Discretionary Accrual Measures[J]. Journal of Accounting and Economics, 2005, 39(1): 163-197.

[284] Kothari, S. P., S. Shu, and P. D. Wysocki. Do Managers Withhold Bad News? [J]. Journal of Accounting Research, 2009, 47(1): 241-276.

[285] Kothari, S. P., T. E. Laguerre, and A. J. Leone. Capitalization versus Expensing: Evidence on the Uncertainty of Future Earnings from Capital Expenditures versus R&D Outlays[J]. Review of Accounting Studies, 2002, 7(4): 355-382.

[286] Kulchania, M., and S. Thomas. Cash Reserves as a Hedge against Supply-chain Risk[J]. Journal of Financial and Quantitative Analysis, 2017, 52(5): 1951-1988.

[287] Kumar, A.. Self-selection and the Forecasting Abilities of Female Equity Analysts [J]. Journal of Accounting Research, 2010, 48(2): 393-435.

[288] Laffont, J., and D. Martimort. Collusion and Delegation[J]. The Rand Journal of Economics, 1998, 29(2): 280-305.

[289] Lang, M. H., and R. J. Lundholm. Corporate Disclosure Policy and Analyst Behavior[J]. The Accounting Review, 1996, 71(4): 467-492.

[290] Lawrence, A., J. P. Ryans, and E. Y. Sun. Investor Demand for Sell-side Research[J]. The Accounting Review, 2017, 92(2): 123-149.

[291] Lehavy, R., F. Li, and K. Merkley. The Effect of Annual Report Readability on Analyst Following and the Properties of Their Earnings Forecasts[J]. The Accounting Review, 2011, 86(3): 1087-1115.

[292] Li, O. Z., and Z. Zhuang. Management Guidance and the Underpricing of Seasoned Equity Offerings[J]. Contemporary Accounting Research, 2012, 29(3): 710-737.

[293] Libby, R., and K. Rennekamp. Self-serving Attribution Bias, Overconfidence, and the Issuance of Management Forecasts[J]. Journal of Accounting Research, 2012, 50(1): 197-231.

[294] Liberti, J. M.. Initiative, Incentives, and Soft Information[J]. Management Science, 2017, 64(8): 3714-3734.

[295] Lin, H., and M. F. McNichols. Underwriting Relationships, Analysts' Earnings Forecasts and Investment Recommendations[J]. Journal of Accounting and Economics, 1998, 25(1): 101-127.

[296] Lincoln, J. R., M. Hanada, and K. McBride. Organizational Structures in Japanese and U. S. Manufacturing[J]. Administrative Science Quarterly, 1986, 31(3): 338-364.

[297] Liu, Y., and D. C. Mauer. Corporate Cash Holdings and CEO Compensation Incentives[J]. Journal of Financial Economics, 2011, 102(1): 183-198.

[298] Liu, Y., T. Luo, and H. Yue. Allocation of Decision Rights between the Parent Company and Its Subsidiaries[J]. Journal of Accounting, Auditing & Finance, 2018, 33(3): 355-381.

[299] Locke, J.. Two Treatises of Government[M]. Cambridge: Cambridge University Press, 1967.

[300] Lourie, B.. The Revolving Door of Sell-side Analysts[J]. The Accounting Review, 2019, 94(1): 249-270.

[301] Malmendier, U., and D. Shanthikumar. Do Security Analysts Speak in Two Tongues?[J]. Review of Financial Studies, 2014, 27(5): 1287-1322.

[302] Manso, G.. Motivating Innovation[J]. The Journal of Finance, 2011, 66(5): 1823-1860.

[303] March, J. G.. Exploration and Exploitation in Organizational Learning[J]. Organization Science, 1991, 2(1): 71-87.

[304] Marino, A. M., and J. G. Matsusaka. Decision Process, Agency Problems, and Information: An Economic Analysis of Budgeting Procedures[J]. Review of

Financial Studies, 2004, 18(1): 301-325.

[305] Marquardt, C. A., and C. I. Wiedman. Voluntary Disclosure, Information Asymmetry, and Insider Selling through Secondary Equity Offerings[J]. Contemporary Accounting Research, 1998, 15(4): 505-537.

[306] Matsumoto, D. A.. Management's Incentives to Avoid Negative Earnings Surprises [J]. The Accounting Review, 2002, 77(3): 483-514.

[307] McAnally, M. L., A. Srivastava, and C. D. Weaver. Executive Stock Options, Missed Earnings Targets, and Earnings Management[J]. The Accounting Review, 2008, 83(1): 185-216.

[308] McNichols, M. F., S. R. Stubben. Does Earnings Management Affect Firms' Investment Decisions? [J]. The Accounting Review, 2008, 83(6): 1571-1603.

[309] Merkley, K. J.. Narrative Disclosure and Earnings Performance: Evidence from R&D Disclosures[J]. The Accounting Review, 2014, 89(2): 725-757.

[310] Meyer, J. W., and B. Rowan. Institutionalized Organizations: Formal Structure as Myth and Ceremony[J]. American Journal of Sociology, 1977, 83(2): 340-363.

[311] Michaely, R., and K. L. Womack. Conflict of Interest and the Credibility of Underwriter Analyst Recommendations[J]. Review of Financial Studies, 1999, 12(4): 653-686.

[312] Mikhail, M. B., B. R. Walther, and R. H. Willis. Does Forecast Accuracy Matter to Security Analysts? [J]. The Accounting Review, 1999, 74(2): 185-200.

[313] Mikkelson, W. H., and M. M. Partch. Do Persistent Large Cash Reserves Hinder Performance? [J]. Journal of Financial and Quantitative Analysis, 2003, 38(2): 275-294.

[314] Miller, D. J., M. J. Fern, and L. B. Cardinal. The Use of Knowledge for Technological Innovation within Diversified Firms[J]. Academy of Management Journal, 2007, 50(2): 307-325.

[315] Miller, D., and C. Droge. Psychological and Traditional Determinants of Structure [J]. Administrative Science Quarterly, 1986, 31(4): 539-560.

[316] Moch, M. K.. Structure and Organizational Resource Allocation [J]. Administrative Science Quarterly, 1976, 21(4): 661-674.

[317] Moers, F.. Performance Measure Properties and Delegation[J]. The Accounting

Review, 2006, 81(4): 897-924.

[318] Mola, S., and M. Guidolin. Affiliated Mutual Funds and Analyst Optimism [J]. Journal of Financial Economics, 2009, 93(1): 108-137.

[319] Mookherjee, D.. Decentralization, Hierarchies, and Incentives: A Mechanism Design Perspective[J]. Journal of Economic Literature, 2006, 44(2): 367-390.

[320] Mukherjee, A., M. Singh, and A. Žaldokas. Do Corporate Taxes Hinder Innovation? [J]. Journal of Financial Economics, 2017, 124(1): 195-221.

[321] Myerson, R. B.. Optimal Coordination Mechanisms in Generalized Principal-agent Problems[J]. Journal of Mathematical Economics, 1982, 10(1): 67-81.

[322] Nagar, V.. Delegation and Incentive Compensation[J]. The Accounting Review, 2002, 77(2): 379-395.

[323] Naughton, J. P., T. O. Rusticus, C. Wang, and I. Yeung. Private Litigation Costs and Voluntary Disclosure: Evidence Form the Morrison Ruling [J]. The Accounting Review, 2019, 94(3): 303-327.

[324] Negandhi, A. R., and B. C. Reimann. Correlates of Decentralization: Closed and Open Systems Perspectives[J]. Academy of Management Journal, 1973, 16(4): 570-582.

[325] Noe, C. F.. Voluntary Disclosures and Insider Transactions [J]. Journal of Accounting and Economics, 1999, 27(3): 305-326.

[326] O'Brien, J. P.. The Capital Structure Implications of Pursuing a Strategy of Innovation[J]. Strategic Management Journal, 2003, 24(5): 415-431.

[327] O'Brien, P. C., M. F. Mchichols, and H. Lin. Analyst Impartiality and Investment Banking Relationships[J]. Journal of Accounting Research, 2005, 43(4): 623-650.

[328] O'Brien, P. C.. Analysts' Forecasts as Earnings Expectations [J]. Journal of Accounting and Economics, 1988, 10(1): 53-83.

[329] Pae, S., C. Joon Song, and A. C. Yi. Career Concerns and Management Earnings Guidance[J]. Contemporary Accounting Research, 2016, 33(3): 1172-1198.

[330] Patell, J. M.. Corporate Forecasts of Earnings Per Share and Stock Price Behavior: Empirical Test[J]. Journal of Accounting Research, 1976, 14(2): 246-276.

[331] Pellegrini, E. K., and T. A. Scandura. Leader-member Exchange (LMX),

Paternalism, and Delegation in the Turkish Business Culture: An Empirical Investigation[J]. Journal of International Business Studies, 2006, 37(2): 264-279.

[332] Pinkowitz, L., R. M. Stulz, and R. Williamson. Do U.S. Firms Hold More Cash than Foreign Firms Do? [J]. Review of Financial Studies, 2015, 29(2): 309-348.

[333] Pinkowitz, L., R. M. Stulz, and R. Williamson. Does the Contribution of Corporate Cash Holdings and Dividends to Firm Value Depend on Governance? A Cross-country Analysis[J]. The Journal of Finance, 2006, 61(6): 2725-2751.

[334] Poitevin, M.. Can the Theory of Incentives Explain Decentralization? [J]. The Canadian Journal of Economics, 2000, 33(4): 878-906.

[335] Pourciau, S.. Earnings Management and Nonroutine Executive Changes[J]. Journal of Accounting and Economics, 1993, 16(1): 317-336.

[336] Pugh, D. S., D. J. Hickson, C. R. Hinings, and C. Turner. Dimensions of Organization Structure[J]. Administrative Science Quarterly, 1968, 13(1): 65-105.

[337] Qiu, J., and C. Wan. Technology Spillovers and Corporate Cash Holdings[J]. Journal of Financial Economics, 2015, 115(3): 558-573.

[338] Reimann, B. C.. Dimensions of Structure in Effective Organizations: Some Empirical Evidence[J]. Academy of Management Journal, 1974, 17(4): 693-708.

[339] Robinson L. A., and P. C. Stocken. Location of Decision Rights within Multinational Firms[J]. Journal of Accounting Research, 2013, 51(5): 1261-1297.

[340] Rogers, J. L., and A. V. Buskirk. Shareholder Litigation and Changes in Disclosure Behavior[J]. Journal of Accounting and Economics, 2009, 47(1): 136-156.

[341] Rogers, J. L., and P. C. Stocken. Credibility of Management Forecasts[J]. The Accounting Review, 2005, 80(4): 1233-1260.

[342] Ruland, W.. The Accuracy of Forecasts by Management and by Financial Analysts [J]. The Accounting Review, 1978, 52(2): 439-447.

[343] Sah, R. K., and J. E. Stiglitz. The Quality of Managers on Centralized versus

Decentralized Organizations[J]. Quarterly Journal of Economics, 1991, 106(1): 289-295.

[344] Scharfstein, D. S., and J. C. Stein. The Dark Side of Internal Capital Markets: Divisional Rent-seeking and Inefficient Investment[J]. The Journal of Finance, 2000, 55(6): 2537-2564.

[345] Schreuder, H., and J. Klaassen. Confidential Revenue and Profit Forecasts by Management and Financial Analysts: Evidence from the Netherlands[J]. The Accounting Review, 1984, 59(1): 64-77.

[346] Schriesheim, C. A., and T. A. Scandura. Delegation and Leader-member Exchange: Main Effects, Moderators, and Measurement Issues[J]. Academy of Management Journal, 1998, 41(3): 298-318.

[347] Schumpeter, J. A.. Capitalism, Socialism, and Democracy[M]. New York: Harper & Row, 1942.

[348] Schumpeter, J. A.. The Theory of Economic Development: An Inquiry into Profits, Capital, Credit, Interest, and the Business Cycle[M]. New Brunswick and London: Transaction Publishers, 1911.

[349] Seru, A.. Firm Boundaries Matter: Evidence from Conglomerates and R&D Activity[J]. Journal of Financial Economics, 2014, 111(2): 381-405.

[350] Shi, C.. On the Trade-off between the Future Benefits and Riskiness of R&D: A Bondholders' Perspective[J]. Journal of Accounting and Economics, 2003, 35(2): 227-254.

[351] Shivakumar, L., O. Urcan, F. P. Vasvari, and L. Zhang. The Debt Market Relevance of Management Earnings Forecasts: Evidence from before and during the Credit Crisis[J]. Review of Accounting Studies, 2011, 16(3): 464-486.

[352] Shroff, N., A. X. Sun, H. D. White, and W. Zhang. Voluntary Disclosure and Information Asymmetry: Evidence from the 2005 Securities Offering Reform [J]. Journal of Accounting Research, 2013, 51(5): 1299-1345.

[353] Simone, L. D., J. D. Piotroski, and R. E. Tony. Repatriation Taxes and Foreign Cash Holdings: The Impact of Anticipated Tax Reform[J]. Review of Financial Studies, 2018, 32(8): 3105-3143.

[354] Skinner, D. J.. Why Firms Voluntarily Disclose Bad News[J]. Journal of

Accounting Research, 1994, 32(1): 38 – 60.

[355] Song, K. (R.), and Y. Lee. Long-term Effects of a Financial Crisis: Evidence from Cash Holdings of East Asian Firms[J]. Journal of Financial and Quantitative Analysis, 2012, 47(3): 617 – 641.

[356] Stein, J. C.. Agency, Information and Corporate Investment[A]. Handbook of the Economics of Finance (Volume 1A). Netherlands: Elsevier, 2003.

[357] Stein, J. C.. Information Production and Capital Allocation: Decentralized versus Hierarchical Firms[J]. The Journal of Finance, 2002, 57(5): 1891 – 1921.

[358] Stein, J. C.. Internal Capital Markets and the Competition for Corporate Resources [J]. The Journal of Finance, 1997, 52(1): 111 – 133.

[359] Stulz, R. M.. Managerial Discretion and Optimal Financing Policies[J]. Journal of Financial Economics, 1990, 26(1): 3 – 27.

[360] Sunder, J., S. V. Sunder, and J. Zhang. Pilot CEOs and Corporate Innovation [J]. Journal of Financial Economics, 2017, 123(1): 209 – 224.

[361] Taylor, F. W.. The Principles of Scientific Management [M]. New York: Harper & Brothers, 1911.

[362] Tirole, J.. Hierarchies and Bureaucracies: On the Role of Collusion in Organizations[J]. Journal of Law, Economics & Organization, 1986, 2(2): 181 – 214.

[363] Tirole, J.. The Theory of Corporate Finance [M]. New Jersey: Princeton University Press, 2006.

[364] Trueman, B.. Why Do Managers Voluntarily Release Earnings Forecasts? [J]. Journal of Accounting and Economics, 1986, 8(1): 53 – 71.

[365] Tsai, W.. Knowledge Transfer in Intraorganizational Networks: Effects of Network Position and Absorptive Capacity on Business Unit Innovation and Performance[J]. Academy of Management Journal, 2001, 44(5): 996 – 1004.

[366] Waymire, G.. Additional Evidence on the Accuracy of Analyst Forecasts before and after Voluntary Management Earnings Forecasts[J]. The Accounting Review, 1986, 61(1): 129 – 142.

[367] Weber, M.. Economy and Society [M]. California: University of California Press, 1922.

[368] Weber, M.. The Religion of China: Confucianism and Taoism. [M]. New York: Macmillan, 1951.

[369] Westphal, J. D., and M. B. Clement. Sociopolitical Dynamics in Relations between Top Managers and Security Analysts: Favor Rendering, Reciprocity, and Analyst Stock Recommendations [J]. Academy of Management Journal, 2008, 51(5): 873-897.

[370] Williamson, O. E.. Markets and Hierarchies: Analysis and Antitrust Implications [M]. Detroit: Free Press, 1975.

[371] Wynn, J. P.. Legal Liability Coverage and Voluntary Disclosure [J]. The Accounting Review, 2008, 83(6): 1639-1669.

[372] Xuan, Y.. Empire-building or Bridge-building? Evidence from New CEOs' Internal Capital Allocation Decisions [J]. Review of Financial Studies, 2009, 22(12): 4919-4948.

[373] Yezegel, A.. Why Do Analysts Revise Their Stock Recommendations after Earnings Announcements? [J]. Journal of Accounting and Economics, 2015, 59(2): 163-181.

后　记

　　本书是以我的博士论文为基础修改而成的。在攻读博士阶段,我接触了新制度经济学的理论,在此基础上对企业内部决策权配置问题进行了初步探索。

　　本书得以成稿首先需感谢我的导师朱凯教授。本书的选题、理论分析、实证检验和写作无不浸透着恩师的心血。恩师学识渊博,思维活跃,极具人格魅力,对我的启发和教导使我受益匪浅。在此谨向我学术生涯的领路人致以最诚挚的感谢!

　　感谢陈信元教授、李增泉教授、靳庆鲁教授、张昀教授、曾庆生教授、黄俊教授、阴慧芳教授、周波副教授、黄继章副教授和邹欢助理教授等师友对本书提出的建议。他们的真知灼见极大地提高了本书的质量。同时,感谢上海财经大学会计学院九年来为我提供的学术平台。

　　感谢我的同学和合作者黄婷婷。她孜孜不倦地为本书的数据收集和写作提供助力。在写作期间,我还得到了潘舒芯、张舒怡、李英梅、张海涛和焦杉等同学的支持和帮助,在此一并表示由衷的感谢。

　　最后,感谢我的父母潘锋先生和段齐骏教授以及丈夫张若愚博士在本书写作期间给予我的陪伴和鼓励。

　　当然,本书虽然经过长时间推敲,但仍有可能存在疏漏和错误,有待今后修正和提升。

潘怡麟
2022 年 11 月于南京大学南园